Tascabili Economici Newton
100 pagine 1000 lire

219

Prima edizione: aprile 1995
Tascabili Economici Newton
Divisione della Newton Compton editori s.r.l.

Roma, Casella postale 6214

ISBN 88-7983-841-5

Stampato su carta Libra Classic della Cartiera di Kajaani
distribuita dalla Fennocarta s.r.l., Milano
Copertina stampata su cartoncino Fine Art Board della Cartiera di Aanekoski

M.K. Gandhi

Aforismi e pensieri

A cura di Massimo Baldini
Traduzione di Lucio Angelini

Tascabili Economici Newton

Tascabili Economici Newton, sezione dei Paperbacks
Pubblicazione settimanale, 29 aprile 1995
Direttore responsabile: G.A. Cibotto
Registrazione del Tribunale di Roma n. 16024 del 27 agosto 1975
Fotocomposizione: Sinnos Coop. Sociale a r.l., Roma
Stampato per conto della Newton Compton editori s.r.l., Roma
presso la Rotolito Lombarda S.p.A., Pioltello (MI)
Distribuzione nazionale per le edicole: A. Pieroni s.r.l.
Viale Vittorio Veneto 28 - 20124 Milano - telefono 02-29000221
telex 332379 PIERON I - telefax 02-6597865
Consulenza diffusionale: Eagle Press s.r.l., Roma

Introduzione

> Un grande maestro appare una volta ogni tanto. Possono passare parecchi secoli senza che se ne presenti uno. Lo si riconosce dalla sua vita. Prima vive e poi dice agli altri come possono vivere nella stessa maniera. Gandhi fu un tale maestro.
>
> S. Radhakrishnan

Mentre l'Europa era dominata da Hitler e da Stalin, mentre «il regime della violenza regnava così assoluto che appariva assurda ogni alternativa all'uso della forza, il mondo – afferma Fabrizio Fabbrini, uno dei primi obiettori di coscienza italiani – assisté ad un miracolo: il popolo indiano si ridestava dopo lunga schiavitù sottraendosi al giogo britannico... senza colpo ferire. Nella più grande sollevazione di massa che la storia ricordi, mezzo milione di persone erano guidate da un uomo fragile, vestito di un semplice perizoma (il "fachiro nudo" come con disprezzo lo chiamava W. Churchill) ma venerato dalle moltitudini per l'evidente santità della vita: il Mahatma Gandhi (Mahatma significa "grande anima"). Quell'uomo, che vinceva gli eserciti con il pacifico mezzo della convinzione, non voleva la semplice liberazione dell'India dagli inglesi, ma la liberazione di indiani e inglesi dal timore reciproco; una indipendenza morale prima che politica: attraverso il sistema della disobbedienza alle leggi ingiuste, rifiutando ogni collaborazione all'oppressore, ma offrendo con spirito d'amore la propria vita a testimonianza di lealtà (...) Da allora nella storia del mondo si è compiuta una svolta decisiva: l'umanità ha fatto un salto qualitativo. Gli oppressi hanno scoperto un mezzo efficace per sottrarsi alla schiavitù: un mezzo che non abbisogna di soldi e di cannoni. Un mezzo alla portata di tutti, anche dei bambini e dei paralitici: perciò veramente povero, di autentica liberazione. Abbisogna solo di una convinzione ferma e tenace; quella che ciascun popolo ha da sempre: la capacità di soffrire e di sperare»[1]. Un mezzo che, con un termine tradotto dal sanscrito ahimsa, *si chiama* nonviolenza.

In verità, Gandhi dichiara a più riprese che egli non ha inventato e insegnato al mondo nulla di nuovo, poiché «la verità e la nonviolenza sono antiche come le montagne». A questo proposito, infatti egli ha mostrato in vari scritti come i princìpi della nonviolenza siano presenti negli insegnamenti di tutte le grandi religioni. Certo è che egli, per primo, ha fatto della nonviolenza uno strumento politico di

[1] Fabrizio Fabbrini, «Violenza e nonviolenza», in Dario Antiseri, *Leggere la realtà*, Brescia, La Scuola, 1987, p. 524.

grande importanza, mostrando di saperlo utilizzare con eccezionale originalità e sistematicità.

La nonviolenza è, per Gandhi, uno strumento accessibile a tutti anche se richiede una grande umiltà e molto coraggio. («La nonviolenza – egli scrive – è dei forti, non dei deboli.») Inoltre, la nonviolenza è arma di democrazia e apre la via alla pace e alla verità. Per Gandhi non si può adottare la violenza neppure come un mezzo per ottenere un fine buono (come ad esempio la giustizia o la libertà). «Non credo – scrive il Mahatma – nelle scorciatoie per il successo... Per quanto possa comprendere e ammirare i degni propositi, sono un intransigente oppositore dei metodi violenti anche per perseguire le cause più nobili.»[2]

Mezzi e fini, dunque, sono strettamente uniti, tra loro intercorre lo stesso nesso che c'è tra il seme e l'albero. «Un mezzo impuro – egli scrive – si traduce in un fine impuro... Non si può raggiungere la verità attraverso la menzogna.»[3] *I mezzi sono tutto nella vita di ogni giorno, come in politica. Machiavelli è stato solo un pessimo maestro. Politica e religione o politica e morale non sono tra loro separate da compartimenti stagni, infatti «non c'è politica senza religione»*[4] *e, del resto, «la politica senza moralità è una cosa da evitare»*[5]*. Un'azione immorale sarà anche un'azione impolitica e, quindi, un politico disonesto sarà, presto o tardi, condannato inevitabilmente al fallimento.*

Chi intende praticare la nonviolenza deve, in primo luogo, raggiungere il pieno autocontrollo, la «più grande sopportazione e la fede più luminosa»[6]*. Le armi a sua disposizione saranno la* resistenza passiva *(è questa «una spada eccezionale; la si può usare in qualunque modo; benedice colui che la usa e colui contro cui è diretta»*[7]*), la* disobbedienza civile *(che dovrà sempre essere «sincera, rispettosa, mai provocatoria»*[8]*), la* noncollaborazione *e, infine, il* digiuno *(che «non può essere intrapreso da chiunque... La mera capacità fisica di affrontarlo non è un requisito sufficiente. Non serve a nulla, senza una viva fede in Dio. Non deve mai essere uno sforzo meccanico o di mera imitazione. Deve provenire dal profondo della propria anima. È, quindi, sempre raro»*[9]*).*

[2] Gandhi, *Il mio credo, il mio pensiero*, trad. it. di Lucio Angelini, Roma, Newton Compton, 1992, pp. 259-260.
[3] Gandhi, *La voce della verità*, trad. it. di Lucio Angelini, Roma, Newton Compton, 1993^2, pp. 99-100.
[4] *Ibidem*, p. 267.
[5] *Ivi*.
[6] Gandhi, *Il mio credo, il mio pensiero*, cit., p. 183.
[7] *Ibidem*, p. 180.
[8] *Ibidem*, p. 181.
[9] *Ibidem*, p. 198.

Gandhi è stato definito «un Diogene nell'azione, un san Francesco nell'umiltà, un Socrate nella saggezza»[10]*, alcuni hanno sostenuto che praticò la «religione dell'umanità»*[11]*, altri hanno affermato che «ascoltarlo, quasi sempre è vita religiosa»*[12]*. Indubbiamente, l'unica categoria che può illuminare tutti gli aspetti della sua avventura umana e intellettuale è quella religiosa. Del resto, presentando la sua* Autobiografia, *Gandhi parla della sua vita come di un insieme di «esperimenti in campo spirituale»*[13] *e afferma: «Ciò che voglio raggiungere – e che faticando e soffrendo ricerco da trent'anni – è l'autopercezione, trovarmi faccia a faccia con Dio, arrivare al* Moksha[14]*. Io vivo e agisco e sono a questo scopo, tutto ciò che dico e che scrivo, tutti i miei sforzi in campo politico, hanno questo fine ultimo»*[15].

Gandhi fu un grande mistico, un grande cercatore di verità e cioè di Dio, poiché, come egli amava ripetere, «la Verità è Dio». Egli ebbe a dichiarare a più riprese di non sentirsi un Mahatma, *ma di essere, a sua volta, in cerca di un* guru. *Non riteneva neppure di aver compiuto cose eccezionali, aveva cercato solo di raggiungere la verità e i sistemi per raggiungerla erano alla portata di tutti. Mi sono convinto, egli scriveva, che «ciò che posso fare io lo può fare anche un bambino: i sistemi per raggiungere la verità sono semplici e ardui nel contempo, possono sembrare difficilissimi ad una persona arrogante e facilissimi invece ad un innocente. Colui che ricerca la verità dovrebbe essere meno che polvere, la gente calpesta la polvere, ma l'umiltà di colui che ricerca la verità dovrebbe essere tale da indurlo a lasciarsi schiacciare anche dalla polvere»*[16].

MASSIMO BALDINI

[10] *Ibidem*, p. 11.
[11] *Ibidem*, p. 13.
[12] Primo Mazzolari, «Una grande anima», in Gandhi, *Pensieri*, a cura di Rienzo Colla, Vicenza, La Locusta, 1983, p. 12.
[13] Gandhi, *La mia vita per la libertà*, trad. it. di Bianca Vittoria Franco, Roma, Newton Compton, 1994[6], p. 8.
[14] *Moksha*: liberazione dalla nascita e dalla morte, cioè la salvezza.
[15] Gandhi, *La mia vita per la libertà*, cit., p. 8.
[16] *Ibidem*, p. 10.

Nota biobibliografica

LA VITA

Il 2 ottobre del 1869 nasce a Porbunder (Kathiawar) Mohandas Karamchand Gandhi. È il più giovane dei tre figli di Kaba Gandhi, primo ministro successivamente negli Stati di Porbunder, Rajkot e Vankaner, e della sua quarta moglie Putlibai. La sua casta è quella dei *banja* (mercanti), la terza nella gerarchia delle grandi caste indiane. La sua famiglia è relativamente agiata e, tra le molte religioni presenti in India, pratica il Visnuismo. La madre di Gandhi è religiosissima in quanto è stata educata da una setta ascetica.

Frequenta le scuole elementari e le superiori a Rajkot, nel 1883 sposa, giovanissimo secondo l'usanza indiana, Kasturbai, figlia di un mercante. Nel 1887 entra all'università di Salmadas a Bhavnagar, ma abbandona gli studi alla fine del primo semestre. Il 4 settembre del 1888 parte per l'Inghilterra. Inizialmente, a Londra Gandhi si sforza di assomigliare ad un gentiluomo inglese, prende lezioni di danza e di musica, veste in modo ricercato, ma a partire dal 1889 fa una scelta di vita improntata alla massima semplicità. Legge la *Gita* per la prima volta e ne resta profondamente impressionato, coltiva anche contatti col movimento vegetariano.

Il 10 giugno del 1891 è nominato avvocato della Corona. Ritorna in India. Nell'aprile del 1893 parte per il Sudafrica, ingaggiato da una ditta musulmana per la consulenza legale e dopo aver sperimentato i tribunali di colore decide di restare per combattere i pregiudizi razziali. Il 22 agosto 1894 fonda il Congresso Indiano del Natal. Adotta il metodo nonviolento per opporsi dapprima alle restrizioni ai diritti di commercio degli indiani e, successivamente, all'obbligo di registrazione. Durante la Guerra Boera organizza il Corpo d'ambulanza indiana.

Il 12 maggio 1906 sostiene l'«autogoverno» per l'India «nel nome della giustizia e per il bene dell'umanità». Nel gennaio del 1915 ritorna in India e inizia il suo impegno politico a fianco delle masse indiane verso la liberazione dai pregiudizi di casta e dal dominio inglese. Nel 1918 abbraccia la causa dei lavoratori tessili di Ahmedabad. Nel 1920 il Congresso nazionale indiano accetta il suo programma di noncollaborazione e l'anno successivo guida la campagna per il boicottaggio totale del tessuto straniero. Viene arrestato più volte ed è condannato a vari anni di prigione. Nel 1930 è designato dall'All-Indian Congress Committee (Comitato del Congresso Panindiano) capo del Congresso per lanciare il movimento della disobbedienza civile. Il 2 marzo invia una lettera al viceré per avvisarlo della sua intenzione di infrangere la legge sul sale se le richieste del Congresso non verranno esaudite. Il 12 marzo inizia la marcia verso la spiaggia di Dandi, dove il 6 aprile raccoglierà ritualmente il sale. Il 5 maggio è arrestato e imprigionato senza processo. Altri centomila indiani vengono imprigionati nel corso di quell'anno.

Il 26 gennaio 1931 è rilasciato senza condizioni. In febbraio-marzo ha una serie di colloqui con il viceré, che sfociano nel patto Irwin-Gandhi. Negli anni precedenti si era schierato anche in difesa degli intoccabili e aveva cambiato nome ai membri di questa casta chiamandoli «harijans» (figli di Dio). L'11 febbraio del 1933 fonda anche il settimanale *Harijan*, pubblicato in inglese e in hindi. Il 17 settembre 1934 annuncia la decisione di ritirarsi dalla politica e di impegnarsi per lo sviluppo delle Attività di Villaggio, il servizio degli Harijans e l'educazione attraverso i mestieri di base.

Durante la seconda guerra mondiale viene arrestato ed è internato nel palazzo dell'Aga Khan di Poona. Il 22 febbraio del 1944 gli muore la moglie. Nel 1947 ottenuta finalmente l'indipendenza dell'India, si prodiga per sopire la guerra civile tra indù e musulmani obbligando le due parti a reciproche concessioni. Il 30 gennaio del 1948 a Delhi sulla via della preghiera serale viene assassinato da un estremista indù. Mentre era ancora vivente fu venerato come un essere superiore e chiamato «Mahatma» (grande anima).

«Solo di tanto in tanto – ha scritto il filosofo indiano S. Radhakrishnan – accade che si levi al di sopra del livello comune un qualche spirito raro che, avendo meditato su Dio con maggiore profondità, rifletta più chiaramente il fine divino e metta in pratica con maggior coraggio i divini insegnamenti. La luce di tali esseri risplende come un faro intenso sulle tenebre e il disordine del mondo. Gandhi appartiene alla razza dei profeti dotati del coraggio del cuore, e della cortesia dello spirito e del riso di chi non teme. Attraverso la sua vita e il suo insegnamento, egli ha recato testimonianza dei valori abbracciati da questo paese per secoli: la fede nello spirito, il rispetto per i suoi misteri, la bellezza della santità, l'accettazione dei doveri della vita, la saldezza del carattere... valori che non sono né nazionali né internazionali, ma universali.»

BIBLIOGRAFIA

La letteratura esistente sulla vita e sull'opera di Gandhi è ricchissima ed è, quindi, impossibile darne un quadro sia pur sommario. Le indicazioni bibliografiche che seguono, dunque, hanno solo una funzione orientativa di massima.

1. Opere complete di Gandhi

The collected works of Mahatma Gandhi, Nuova Delhi, 1958 e ss. (La pubblicazione delle opere di Gandhi è a cura della Sezione Pubblicazioni del Ministero delle informazioni e della radio del Governo dell'India.)

2. Opere principali di Gandhi

A guide to health, Madras, 1921.
Bapu's Letters to Mira (1924-1948), Ahmedabad, 1949.
Basic education, Ahmedabad, 1951.
Christian mission, Ahmedabad, 1941.
Communal unity, Ahmedabad, 1949.
Delhi diary, Ahmedabad, 1948.
Ethical Religion, Madras, 1922.
For pacifists, Ahmedabad, 1949.
Jail experiences, Madras, 1922.
My early life, Bombay, 1932.
My soul's agony, Ahmedabad, 1932.
Non-violence in peace and war, Ahmedabad, 1945 e 1949.
Rebuilding our village, Ahmedabad, 1952.
Satyagraha in South Africa, Madras, 1928.
Speeches and writings, Madras, 1933.
The story of my experiments with truth, Ahmedabad, 1940.
To a Gandhian capitalist, Bombay, 1951.
To the students, Ahmedabad, 1949.
Towards a new education, Ahmedabad, 1953.
Towards non-violent socialism, Ahmedabad, 1951.
Unto this last, Ahmedabad, 1951.
Women and social injustice, Ahmedabad, 1942.

3. Opere di Gandhi in traduzione italiana

Guida alla salute e altri saggi morali e sociali, Spoleto, 1925.
Il tormento dell'India, Napoli, 1930.
Autobiografia, Milano, 1931.
Guida alla salute e alla sessualità, Torino, 1950.
Pensieri, a cura di Rienzo Colla, Vicenza, 1960.

Antiche come le montagne: la vita e il pensiero di Gandhi attraverso i suoi scritti, Milano, 1969.
«Lettera a Julien Huxley», in AA.VV., *I diritti dell'uomo*, a cura dell'Unesco, Milano, 1969.
La forza della non violenza, Bologna, 1972.
Teoria e pratica della non-violenza, Torino, 1973.
Ogni giorno un pensiero, a cura di T. Hingorani, Bologna, 1975.
Villaggio e autonomia, a cura di G. Pucci, Firenze, 1981.
Gandhi ai giovani, Bologna, 1983.
Mohan Mālā, Firenze, 1983.
La cura della natura, Firenze, 1984.
L'arte di vivere, Bologna, 1985.
Parole di Gandhi scelte da R. Attenborough, Milano, 1985.
Gandhi commenta la Bhagavad Gita, Roma, 1988.
Tempo di verità, Palermo, 1988.
Gandhi parla di Gesù, Bologna, 1989.
Vivere per servire, Bologna, 1989.
Forza della verità. Scritti etico-politici, Torino, 1991, 3 voll.
Gandhi parla di se stesso, Bologna, 1991.
Il contagio della verità, Genova, 1992.

Di Gandhi la Newton Compton ha pubblicato, nella collana «Tascabili Economici Newton»: *Il mio credo, il mio pensiero*, 1992; *La voce della verità*, 1993^2; *La mia vita per la libertà*, 1994^6 e, nella collana «100 pagine 1000 lire»: *Buddismo, Cristianesimo, Islamismo*.

4. Opere su Gandhi in lingua italiana

ROLLAND ROMAIN, *Mahatma Gandhi*, Milano, s.d.e.
FÜLÖP-MILLER RENÉ, *Gandhi. Storia di un uomo e di una lotta*, Milano, 1930.
FORMICHI CARLO, *Sette saggi indiani*, Bologna, 1938.
BORSA GIORGIO, *Gandhi e il Risorgimento indiano*, Milano, 1942.
PRIVAT E. TH., *In India con Gandhi*, Milano, 1944.
LANZA DEL VASTO LORENZO, *Ritorno alle sorgenti*, Milano, 1949 (ripubblicato nel 1953 con un nuovo titolo: *Pellegrinaggio alle sorgenti*).
CAPITINI ALDO, *Introduzione alla pedagogia di Gandhi*, Pisa, 1955.
NANDHA B.R., *Gandhi il Mahatma*, Milano, 1961, II ed. 1987.
BORSA GIORGIO, *Gandhi*, Milano, 1965.
CAPITINI ALDO, *Le tecniche della non-violenza*, Milano, 1967.
DEVRET CAMILLE, *Gandhi interpella i cristiani*, Assisi, 1968.
FUSERO CLEMENTE, *Gandhi*, Milano, 1968.
BOSCO TERESIO, *Gandhi, il profeta dell'India libera*, Torino, 1969.
SALIERNO VITO, *Il Mahatma Gandhi attraverso i suoi scritti*, Milano, 1969.
MACALUSO GIUSEPPE, *Profeti e martiri*, Roma, 1970.
TORRIANI CARLO, *Gandhi: non-violenza e sviluppo*, Bologna, 1970.
ZINKIN TAYA, *Gandhi: l'eroe della non-violenza*, Milano, 1970.
FISCHER LOUIS, *La vita di Gandhi*, Firenze, 1971.
KUMAR SATISH, *Non-violenza o non-esistenza*, Roma, 1971.
ERIKSON E.H., *La verità di Gandhi*, Milano, 1972.
RONZA R., *Gandhi: pro e contro*, Milano, 1972.
VECCHIOTTI I., *Che cosa ha veramente detto Gandhi*, Roma, 1972.
KRIPALANI KRISHNA, *Gandhi*, Assisi, 1973.
PONTARA G., *Introduzione a Gandhi*, Torino, 1973.
AA.VV., *Gandhi e la persona umana*, a cura di Nicola Manca, Bologna, 1981.
BORSA GIORGIO, *Gandhi: un uomo di pace che divenne la fiera anima di un popolo*, Milano, 1983.
TOSCHI T., *Gandhi ai giovani*, Bologna, 1983.
LORENZONI C., *Mahatma Gandhi*, Padova, 1983.
SHIRIRER W., *Mahatma Gandhi*, Milano, 1983.
PIATTI M., *Gandhi e l'educazione*, Bologna, 1983.
MUSINI PIERERCOLE, *Gandhi: il seme della non violenza*, Brescia, 1984.

BORI PIER CESARE - SOFRI GIANNI, *Gandhi e Tolstoj*, Bologna, 1985.

ELENJIMITAM ANTHONY, *Olocausto nucleare: la sfida del mahatma Gandhi e Francesco d'Assisi*, Lamezia Terme, 1986.

JESUDASAN IGNATIUS, *La teologia della liberazione in Gandhi*, Assisi, 1986.

GALTUNG JOHAN, *Gandhi oggi: per un'alternativa politica non violenta*, Torino, 1987.

VECCHIOTTI ICILIO, *M.K. Gandhi*, Milano, 1987.

SOFRI G., *Gandhi in Italia*, Milano, 1988.

BALDUCCI ERNESTO, *Gandhi*, Fiesole, 1988.

FASANA ENRICO, *Gandhi: mahatma e uomo politico*, Trieste, 1988.

WOODCOCK GEORGE, *Gandhi*, Milano, 1988.

COLLOTTI PISCHEL ENRICA, *Gandhi e la non violenza*, Roma, 1989.

VINOBA, *La via del maestro*, Milano, 1991.

DE CARLINI LUIGI, *Lo sviluppo diverso. Gandhi e l'educazione al consumo, all'ambiente, alla mondialità*, Bologna, 1992.

BLASKI LAGAZZI INES, *Gandhi. La forza della non violenza*, Milano, 1993.

AFORISMI E PENSIERI

Non pretendo di avere ideato alcuna nuova teoria o dottrina, ho semplicemente cercato di applicare a modo mio le eterne verità alla nostra vita e ai nostri problemi quotidiani... Ebbene, tutta la mia filosofia, se la si può chiamare con tale pretenzioso nome, sta in ciò che ho detto. Non chiamatela «Gandhismo»; non vale la pena di scomodare alcun *ismo*. Né occorrono complicate esegesi o propaganda.

M.K. Gandhi

NOTA AL TESTO

I passi antologizzati nel presente volume sono tratti dalle seguenti opere di Gandhi: *La voce della verità* (trad. it. di Lucio Angelini, Roma, Newton Compton, 1993[2]); *Il mio credo, il mio pensiero* (trad. it. di Lucio Angelini, Roma, Newton Compton, 1992).

Al termine di ogni passo è indicato il volume o la rivista da cui è tratto.

Dio, la verità e l'amore

Se potessimo cancellare l'«Io» e il «Mio» dalla religione, dalla politica, dall'economia ecc. saremmo presto liberi e porteremmo il cielo in terra.

(*Young India*, 3 settembre 1926, p. 336)

Chi cerca la verità non può permettersi di essere un egoista. Chi è disposto a sacrificare la propria vita per gli altri difficilmente ha tempo di riservarsi un posto al sole.

(*Young India*, 16 ottobre 1930, p. 2)

Le capacità di un individuo sono limitate e il momento in cui si illude di potere intraprendere qualsiasi compito, Dio è pronto ad umiliare il suo orgoglio.

(*Young India*, 12 marzo 1931, p. 32)

Il desiderio sincero e puro del cuore è sempre soddisfatto.

(*An Autobiografy or The Story of My Experiments with Truth*, p. 110)

La fiducia genera fiducia. Il sospetto è fetido, puzza soltanto. Colui che ha fiducia non ha ancora mai perso, a questo mondo.

(*Young India*, 4 giugno 1925, p. 193)

La vera sofferenza non conosce se stessa e non fa mai calcoli. Essa apporta la propria gioia, che supera ogni altra gioia.

(*Young India*, 19 marzo 1931, p. 41)

È solo attraverso l'amore, non quello terreno, ma divino, che possiamo trovare Dio.

(*Harijan*, 23 novembre 1947, p. 425)

Non riusciremo a vincere il male che è in noi finché non ci ridurremo a nullità. Dio non chiede niente di meno che la completa rinuncia a se stessi, come prezzo per la sola libertà di cui valga la pena disporre.

(*Young India*, 20 settembre 1928, p. 420)

La verità e la nonviolenza si diffondono, più che per mezzo di testi scritti, attraverso il vivere la loro concreta applicazione. La vita veramente vissuta vale più dei libri.

(*Harijan*, 13 maggio 1939, p. 122)

La Verità è la prima cosa da ricercare, dopo di che la Bellezza e la Bontà si aggiungeranno da sole.

(*Young India*, 20 novembre 1924, p. 386)

L'assenza di paura è il primo requisito della spiritualità. I codardi non possono mai essere morali.

(*Young India*, 13 ottobre 1921, p. 323)

Dove c'è paura non c'è religione.

(*Young India*, 2 settembre 1926, p. 308)

L'assenza di paura connota la libertà da ogni paura esterna: paura di malattie, di offese corporali o della morte, di espropriazione, di perdere le persone più vicine e più care, di perdere la reputazione o di arrecare offesa e così via.

(*Young India*, 11 settembre 1930, p. 2)

Il coraggio non è una qualità del corpo, ma dell'anima.

(*Young India*, 20 ottobre 1921, p. 335)

L'uomo è l'artefice del proprio destino, nel senso che è libero di scegliersi il modo in cui usare tale libertà. Ma l'uomo non ha il controllo dei risultati. Non appena si illude di averlo, fallisce.

(*Harijan*, 23 marzo 1940, p. 55)

Non si può realizzare Dio con l'intelletto. L'intelletto può condurre fino a un certo limite e non oltre. È una questione di fede e di esperienza derivata dalla fede. Si potrebbe far leva sull'esperienza di chi è migliore di noi o altrimenti accontentarsi semplicemente dell'esperienza personale. La fede piena non sente la mancanza dell'esperienza.

(*Harijan*, 4 agosto 1946, p. 249)

Soltanto quando Dio regnerà nei cuori degli uomini essi saranno in grado di abbandonare la loro aggressività.

(*Harijan*, 20 aprile 1947, p. 118)

Una mente che non si fissi su Dio è destinata a vagare e a mancare della qualità di tempio di adorazione.

(*Harijan*, 9 novembre 1947, p. 406)

Non dobbiamo né pensare male degli altri, né sospettare gli altri di pensare male di noi. L'inclinazione a prestare orecchio alle cattive dicerie è un segno di mancanza di fede.

(*Harijan*, 28 aprile 1946, p. 111)

L'uomo non può trasformarsi da cattivo a buono nel giro di una notte. Dio non pratica magie. È anche Lui dentro la Sua stessa legge. La Sua legge, tuttavia, è diversa dalla legge dello Stato. In quest'ultima può esserci errore, mentre Dio non può errare. Se dovessimo travalicare i limiti della Sua legge, il mondo sarebbe perduto.

(*Harijan*, 19 maggio 1946, p. 136)

La lingua umana non può descrivere che imperfettamente le vie di Dio. Io sono consapevole del fatto che esse siano indescrivibili e imperscrutabili. Ma se un mortale oserà descriverle, non avrà un mezzo migliore del proprio idioma inarticolato.

(*An Autobiography or The Story of My Experiments with Truth*, p. 120)

La spiritualità non consiste nel conoscere le Scritture e nell'impegnarsi in discussioni filosofiche. Consiste nel coltivare il cuore, sviluppando una forza incommensurabile. L'assenza di paura è il primo requisito della spiritualità. I codardi non possono mai essere morali.

(*Young India*, 13 ottobre 1921, p. 323)

Dio non chiede niente di meno che la rinuncia a se stessi come prezzo per la sola vera libertà che valga la pena possedere. E quando un uomo abbia così perduto se stesso, immediatamente si ritrova al servizio della creazione di Dio.

(*Young India*, 20 dicembre 1928, p. 420)

Ritengo che una vita di perfetta continenza nel pensiero, nella parola e nell'azione sia necessaria per raggiungere la perfezione spirituale. E una nazione che non possegga uomini capaci di continenza è più povera a causa di tale mancanza.

(*Young India*, 13 ottobre 1920, p. 3)

La purezza non può venire imposta dall'esterno. Deve procedere da un'evoluzione interiore e, perciò, da uno sforzo individuale.

(*Young India*, 25 novembre 1926, p. 415)

È mia ferma convinzione che la forza dell'anima cresca di pari passo con la sottomissione della carne.

(*Young India*, 23 ottobre 1924, p. 354)

La mortificazione della carne è una necessità, quando la carne si ribella contro di noi; è un peccato quando la carne sia stata sottomessa e possa essere usata come strumento. In altre parole, non c'è alcun merito implicito nella mortificazione della carne.

(*Harijan*, 2 novembre 1935, p. 299)

Negare la soddisfazione della carne non è senza frutto. Non è possibile vedere Dio in faccia se prima non si crocifigge la carne. Un conto è fare quello che appartiene alla carne intesa come tempio di Dio, un conto negare quello che le appartiene come carne e basta.

(*Harijan*, 10 dicembre 1938, p. 373)

Un conto è l'uomo, un conto sono i suoi atti. Una buona azione suscita consenso e un'azione malvagia disapprovazione, ma che si tratti di una buona o cattiva azione, chi ne sia autore merita sempre rispetto o pietà, a seconda dei casi. «Odia il peccato, non il peccatore» è un precetto che, anche se abbastanza facile da capire, viene praticato raramente, ecco perché il veleno dell'odio dilaga nel mondo.

(*An Autobiography* (1966), p. 206)

Ci sono princìpi eterni che non ammettono compromessi e per la cui pratica occorre essere pronti a sacrificare anche la vita.

(*Harijan*, 5 settembre 1936, p. 238)

Verità e Amore – *ahimsa* – sono le sole cose che contino. Dove *ahimsa* è presente, tutto, alla fine, si aggiusta. Questa è una legge che non contempla eccezioni.

(*Young India*, 18 agosto 1927, p. 265)

Tutte le nostre attività dovrebbero incentrarsi sulla Verità. La Verità dovrebbe essere il respiro stesso della nostra vita. Una volta raggiunto questo stadio nel nostro cammino di pellegrini, ogni altra regola di corretto vivere seguirà senza sforzo, e l'obbedienza sarà istintiva. Ma senza la Verità è impossibile osservare alcun principio o regola nella vita.

(*From Yeravda Mandir: Ashram Observances,* p. 2)

Il cercatore della Verità dovrebbe essere più umile della polvere. Il mondo schiaccia la polvere sotto i suoi piedi, ma il cercatore della Verità dovrebbe essere così umile nella propria persona che anche la polvere potrebbe schiacciarlo. Solo allora, e non prima, avremo uno sprazzo della Verità.

(*An Autobiography or The Story of My Experiments with Truth*, p. xv)

La Verità è come un grande albero, che dà sempre più frutti man mano che lo si nutre. Più si approfondisce la ricerca nella miniera della verità, più ricca sarà la scoperta delle gemme ivi racchiuse, nella forma di prospettive sempre più varie per servire il prossimo.

(*An Autobiography or My Story of The Experiments with Truth,* p. 159)

Penso che sia sbagliato aspettarsi certezze a questo mondo, dove tutto ciò che non sia Dio, che non sia Verità, è incertezza. Tutto quello che appare e accade intorno a noi è incerto, effimero. Ma c'è un Essere supremo che si nasconde là sotto come Certezza e sarebbe una benedizione poter cogliere uno sprazzo di tale certezza e spingere il proprio carro verso di essa. La ricerca di quella Verità è il *summum bonum* della vita.

(*An Autobiography or The Story of My Experiments with Truth,* p. 184)

All'uomo non è dato conoscere tutta la Verità. Il suo dovere sta nel vivere secondo la verità come riesce a vederla, e, così facendo, nel ricorrere ai mezzi più puri, cioè, alla nonviolenza.

(*Harijan*, 24 novembre 1933, p. 6)

Dio solo conosce la Verità Assoluta. Perciò ho spesso detto che la Verità è Dio. Ne consegue che un uomo, un essere finito, non può conoscere la Verità Assoluta.

(*Harijan*, 7 aprile 1946, p. 70)

Nessuno, a questo mondo, possiede la Verità Assoluta. Questo è un attributo esclusivo di Dio. Tutto quello che conosciamo è solo la verità relativa. Possiamo, dunque, seguire la verità semplicemente per come la vediamo. Tale perseguimento della verità non può condurre nessuno fuori strada.

(*Harijan*, 2 giugno 1946, p. 167)

La Verità è il principio sovrano, che implica numerosi altri princìpi. Non si tratta soltanto della verità di parola, ma anche della verità di pensiero, e non soltanto della verità relativa che ci è dato concepire, ma anche della Verità Assoluta, dell'Eterno Principio, che è Dio.

(*An Autobiography* (1966), p. 11)

La parola *Satya* (Verità) deriva da *Sat*, che significa «creatura». Nulla è, o esiste, nella realtà, tranne la Verità. Ecco perché *Sat* o Verità è forse il più importante nome di Dio. Di fatto è più corretto dire che la Verità è Dio, che dire che Dio è la Verità. Ma poiché non possiamo fare a meno di un capo o di un generale, nomi di Dio quali «Re dei Re» o «l'Onnipotente» sono e resteranno generalmente di uso corrente. A rifletterci più profondamente, tuttavia, si capirà che *Sat* o *Satya* è il solo nome corretto e pienamente significante di Dio.

E dove c'è Verità, c'è anche vera conoscenza. Dove non c'è Verità, non può esservi nemmeno vera conoscenza. Ecco perché al nome di Dio viene associata la parola *Chit* o conoscenza. E dove c'è vera conoscenza, c'è sempre beatitudine (*Ananda*). Ivi il dolore non ha spazio. E proprio come la Verità è eterna, eterna è anche la beatitudine che da essa deriva. Di qui conosciamo Dio come *Sat-chit-ananda*, l'Uno che combina in Sé Verità, Conoscenza e Beatitudine.

(*From Yeravda Mandir* (1957), pp. 1-2)

È la Verità, che sola è, a costituire la materia di cui sono fatte tutte le cose, a esistere in virtù della propria forza, a non essere sorretta da nessun'altra cosa, ma a sorreggere ogni altra cosa esistente. La Verità sola è eterna, ogni altra cosa è passeggera. Non ha bisogno di assumere figura o forma. È pura intelligenza, come anche pura beatitudine. La chiamiamo *Ishvara* perché ogni cosa è regolata dal Suo volere. Essa e la Sua legge sono una sola cosa. Perciò non è una legge cieca. La Verità governa l'intero universo.

(*Ashram Obsevances in Action* (1959), p. 37)

Quando vorrete trovare la Verità come Dio, il solo inevitabile mezzo sarà l'Amore, cioè la nonviolenza, e dal momento che credo che, in ultima analisi, mezzo e fine siano termini convertibili, non esiterei a dire che Dio è Amore.

(*Young India*, 31 dicembre 1931, p. 428)

I profeti hanno definito Dio in negativo, come «*Neti*», «*Neti*» («*Non questo*», «*Non questo*»). La Verità vi sfuggirà. La somma di tutto ciò che è vero è la Verità. Ma non si può sommare insieme tutto ciò che è vero (...] Vi sono cose che non si possono comprendere. Il Dio che il più povero intelletto potrebbe analizzare non mi soddisferebbe. Perciò non cerco di analizzarlo. Vado oltre il relativo, all'assoluto, e la mia mente si placa.

(*An Atheist with Gandhi* (1958), p. 30)

Dio non è una persona [...] La verità è che Dio è l'energia. Egli è l'essenza della vita. Egli è pura e immacolata coscienza. Egli è eterno. E tuttavia, abbastanza stranamente, non tutti sono capaci di trovare beneficio o rifugio nella vivente presenza che tutto pervade.

(*Harijan*, 22 giugno 1947, p. 200)

Dio non è una qualche persona fuori di noi o lontana dall'Universo. Egli pervade ogni cosa, ed è onnisciente, come anche onnipotente. Non ha bisogno di lodi o suppliche. Essendo immanente a tutte le cose, ode tutto e legge i nostri più reconditi pensieri. Dimora nei nostri cuori e ci è più vicino di quanto le unghie non lo siano alle dita.

(*Ashram Observances in Action* (1959), p. 36)

Dio è il più grande democratico che il mondo conosca, perché ci lascia «liberi» di optare per il male o per il bene. Ma è anche il più grande tiranno mai conosciuto, perché spesso ci strappa la coppa dalle labbra e con la scusa del libero arbitrio ci lascia un margine talmente inadeguato da procurare solo divertimento a se stesso, a nostre spese. È per questo che l'induismo chiama ogni cosa suo divertimento, *Lila*, o pura illusione, *Maya*. Noi *non* siamo, Egli solo *È*. E se vogliamo essere, dobbiamo eternamente cantare le sue lodi e rispettare la sua volontà. Danziamo, allora, al ritmo del suo *Bansi*, il liuto, e tutto andrà per il meglio.

(*Young India,* 5 marzo 1925, p. 81)

Dio è buono non nello stesso modo in cui può esserlo il signor X. X è relativamente buono. È più buono che cattivo, mentre Dio è interamente buono. Non c'è cattiveria in lui. Dio ha fatto l'uomo a propria somiglianza. Sfortunatamente per noi, anche l'uomo ha foggiato Dio a propria immagine. Questa ingiusta pretesa ha precipitato l'uomo in un mare di guai. Dio è l'Alchimista Supremo. In sua presenza tutto il ferro e le scorie si trasmutano in oro puro. Similmente tutto il male si cambia in bene.

Inoltre, Dio vive, ma non come noi. Le sue creature vivono, ma per morire. Ma Dio è vita. Perciò, la Bontà e tutto ciò che essa implica non è un attributo. La Bontà è Dio. La Bontà concepita come separata da lui è una cosa inerte ed esiste solo finché resta una pratica appagante. Così è per tutta la morale. Se deve vivere in noi, dobbiamo considerarla e coltivarla in relazione a Dio. Noi cerchiamo di diventare buoni perché vogliamo raggiungere e conoscere Dio. Tutta la sterile etica del mondo si volge in polvere, perché, staccata da Dio, resta senza vita. Venendo da Dio, essa nasce recando in sé la vita. Diventa parte di noi e ci nobilita.

Al contrario, Dio, concepito senza la Bontà, è privo di vita. Noi gli diamo vita invano nella nostra immaginazione.

(*Harijan*, 24 agosto 1947, p. 289)

Dio è quell'indefinibile cosa che tutti sentiamo, ma che nessuno conosce [...] Per me, Dio è Verità e Amore; Dio è etica e moralità; Dio è assenza di timore. Dio è la fonte della Luce e della Vita e, tuttavia, Egli è al di sopra e al di là di entrambe. Dio è coscienza. Egli è anche l'ateismo degli atei. Perché, nel suo amore senza limiti, Dio permette all'ateo di vivere. Egli è lo scrutatore dei cuori. Trascende la parola e la ragione. Ci conosce e conosce i nostri cuori meglio di noi stessi. Egli non ci prende in parola, perché sa che, spesso, non abbiamo intenzione di mantenerla, alcuno consciamente, altri inconsciamente. Per coloro che hanno bisogno della sua personale presenza, è un Dio personale. Si personifica per coloro che hanno bisogno del Suo tocco. È la più pura essenza. Egli è semplicemente per quelli che hanno fede. È ogni cosa per ogni uomo. È in noi e tuttavia è al di sopra e al di là di noi. Si può bandire la parola «Dio», ma non c'è modo di bandire la Cosa in Sé.

(*Young India*, 5 marzo 1925, pp. 80-81)

La Verità non danneggia mai una causa giusta.

(*Harijan*, 10 novembre 1946, p. 389)

Se è importante, occorre proclamare la verità, anche se potrà risultare sgradevole. Ciò che non è importante è sempre menzogna e non dovrebbe mai essere pronunciato.

(*Harijan*, 21 dicembre 1947, p. 473)

Porsi al servizio di tutto ciò che esiste – della Verità – è servire Dio.

(*Harijan*, 25 maggio 1935, p. 115)

Temiamo Dio e cesseremo di temere l'uomo.

(*Speeches and Writings of Mahatma Gandhi*, p. 130)

L'assenza di paura non significa arroganza o aggressività. Quest'ultima è in se stessa un segno di paura. L'assenza di paura presuppone la calma e la pace dell'anima. Per essa è necessario avere una viva fede in Dio.

(*Harijan*, 3 novembre 1946, p. 388)

La fede e l'autopurificazione

I razionalisti sono esseri ammirevoli, ma il razionalismo è un momento orribile quando si professa onnipotente. L'attribuire onnipotenza alla ragione è un esempio di idolatria cattivo come l'adorazione del legno o della pietra credendo che siano Dio.

(*Young India*, 14 ottobre 1926, p. 359)

Un uomo di fede resterà fedele alla verità anche se il mondo intero dovesse apparirgli avvolto nella menzogna.

(*Harijan*, 22 settembre 1946, p. 322)

Non propugno la soppressione della ragione, ma il dovuto riconoscimento di ciò che in noi santifica la ragione stessa.

(*Young India*, 14 ottobre 1926, p. 359)

Ci sono materie nelle quali la ragione non può portarci lontano e in cui dobbiamo accettare le cose per fede. La fede, in quel caso, non contraddice la Ragione, ma la trascende. La fede è una sorta di sesto senso che opera nei casi in cui la ragione non può competere.

(*Harijan*, 6 marzo 1937, p. 26)

La moralità assoluta, valida per ogni tempo, non esiste. Ma c'è una moralità relativa che è abbastanza assoluta per quegli imperfetti mortali che siamo.

(*Harijan*, 23 dicembre 1939, p. 387)

Io non credo in chi parla agli altri della propria fede, specialmente se a scopo di conversione. La fede non ammette parole. Bisogna viverla e solo allora potrà accadere che si propaghi da sé.

(*Young India*, 20 ottobre 1927, p. 352)

Una rosa non ha bisogno di predicare. Si limita a diffondere il proprio profumo. Il suo sermone è la sua stessa fragranza. Se avesse un intelletto umano e potesse ingaggiare un certo numero di predicatori, i predicatori non sarebbero in grado di vendere più rose di quanto la fragranza stessa non potrebbe consentire. La fragranza della vita religiosa e spirituale è molto più raffinata e sottile di quella della rosa.

(*Harijan*, 29 marzo 1935, p. 50)

Dite addio all'umiltà nel momento in cui affermate che la vita non è sufficiente e che dovete aggiungervi la parola. Le specie umane non hanno bisogno di andare dagli animali e gridare loro: «Noi siamo gli umani». Gli animali li riconoscono come tali. Il linguaggio dell'anima non si presta mai all'espressione. S'innalza al di sopra del corpo. Il linguaggio è una limitazione della verità, che può essere solo testimoniata dalla vita.

(*Harijan*, 12 dicembre 1936, p. 351)

Non c'è desiderio di parlare, quando si vive la verità. La verità è più economica delle parole. Non c'è, dunque, evangelismo più vero o diverso della vita.

(*Harijan*, 12 dicembre 1936, p. 353)

Lo scopo della nostra vita è quello di servire la Forza che ci ha creati, e dalla cui misericordia o approvazione dipende il nostro stesso respiro, servendo con lealtà le Sue creature. Questo significa amore, che dovrebbe sostituire l'odio che si vede ovunque.

(*Harijan*, 6 aprile 1947, pp. 98-99)

Il cammino naturale dell'anima è verso l'altruismo e la purezza.

(*The Gita According to Gandhi* (1956), p. 202)

Il fine supremo dell'uomo è la conoscenza di Dio, e la meta finale della divisione di Dio dovrebbe guidare tutte le sue attività sociali, politiche e religiose. Porsi al servizio immediato di tutti gli esseri viventi diventa, così, una parte necessaria dello sforzo, semplicemente perché la sola via per trovare Dio è riconoscerlo nella sua creazione e diventare una sola cosa con essa. Questo lo si attua soltanto ponendosi al servizio di tutti.

(*Harijan*, 29 agosto 1936, p. 226)

L'uomo non è in pace con se stesso finché non diventa simile a Dio.

(*The Gita According to Gandhi* (1956), pp. 128-29)

Lo scopo della vita è indubbiamente quello di conoscere se stessi. Ma non possiamo farlo, se non impariamo a identificarci con tutto ciò che vive. La somma di tutte le esistenze individuali è Dio. Di qui la necessità di conoscere Dio, che abita dentro ciascuno di noi [...]

Lo strumento di questa conoscenza è il servizio umanitario senza limiti e disinteressato.

(*The Diary of Mahadev Desai-I* (1953), p. 184)

Di tutti gli animali creati da Dio, l'uomo è la sola creatura che sia stata finalizzata alla conoscenza del proprio Fattore. Il fine dell'uomo, nella vita, non è perciò quello di accrescere giorno per giorno le proprie possibilità e proprietà materiali; il suo compito principale è avvicinarsi ogni giorno di più al proprio Fattore.

(*Young India*, 20 ottobre 1927, p. 355)

Adamo non è Dio, ma una scintilla del Divino. Di conseguenza, chi più si comporta in modo religioso, più possiede dentro di sé della divina scintilla.

(*The Gita According to Gandhi* (1956), p. 128)

È la fede che ci guida per i mari tempestosi, la fede che smuove le montagne e la fede che ci fa attraversare gli oceani. Tale fede non è altro che una viva e vigile consapevolezza di Dio dentro di noi. Chi ha raggiunto questa fede non ha bisogno di nulla. Anche se malato nel corpo, il suo spirito è in salute, se povero, materialmente, nuota nelle ricchezze spirituali.

(*Young India*, 24 settembre 1925, p. 331)

Senza la fede, questo mondo finirebbe in nulla in un momento. La vera fede ci spinge a fare nostra l'esperienza meditata di quelle persone che, secondo noi, riuscirono a purificare la propria vita con la preghiera e la penitenza. Credere, perciò, nei profeti vissuti in età remote o nelle reincarnazioni non è un'oziosa superstizione, ma la soddisfazione di un intimo bisogno spirituale.

(*Young India*, 14 aprile 1927, p. 120)

La fede non è un fiore delicato, destinato ad appassire al minimo accenno di brutto tempo. La fede è come le montagne dell'Himalaya, che non possono modificarsi in alcun modo. Non c'è tempesta che possa smuovere le montagne dell'Himalaya dalle proprie fondamenta.

(*Harijan*, 26 gennaio 1934, p. 8)

Un uomo senza fede è come una goccia separata dall'oceano e destinata a perire. Ogni goccia, finché è nell'oceano, partecipa della sua maestà e ha l'onore di darci l'ozono della vita.

(*Harijan*, 25 aprile 1936, p. 84)

La fede che riesce a fiorire solo nel bel tempo è di scarso valore. Perché la fede abbia un qualche valore, deve saper sopravvivere alle prove più dure. La vostra fede è un sepolcro imbiancato, se non è capace di resistere alla calunnia del mondo intero.

(*Young India,* 25 aprile 1929, p. 134)

Chi abbia un cuore malvagio non può mai essere consapevole della presenza onnipurificante di Dio.

(*Harijan*, 29 giugno 1947, p. 209)

Chi non sia puro di cuore, non potrà mai conoscere Dio. Autopurificazione, perciò, deve significare purificazione in ogni condizione di vita. Ed essendo la purificazione altamente contagiosa, la purificazione di se stessi condurrà necessariamente alla purificazione di ciò che si avrà intorno.

(*An Autobiography* (1966), p. 382)

Un uomo che voglia controllare le proprie passioni animali, lo farà tanto più facilmente se controllerà il proprio palato.

(*Ashram Observances in Action* (1959), p. 134)

Se voglio che la mia vita sia regolata, dico che non dovrei permettermi di possedere nulla di cui non abbia bisogno.

(*Ashram Observances in Action* (1959), p. 136)

Chi non abbia un notevole senso di umiltà non può trovare la verità. Se vorrete nuotare nell'oceano della verità, dovrete ridurvi a nullità.

(*Young India*, 31 dicembre 1931, p. 428)

Una persona umile non è consapevole della propria stessa umiltà.

(*From Yeravda Mandir* (1957), p. 46)

Lavorare senza la fede è come tentare di raggiungere il fondo di un pozzo senza fondo.

(*Harijan*, 3 ottobre 1936, pp. 268-9)

La religione, le religioni

Non c'è religione più alta della Verità e della Giustizia.

(*Selections From Gandhi* (1957), p. 254)

Sono profondamente convinto che nessuna religione possa essere sostenuta dalla forza bruta. Al contrario, quelli che prendono la spada periscono sempre di spada.

(*Harijan*, 9 marzo 1934, p. 29)

Le religioni, come le nazioni, sono pesate sulla bilancia. La religione e la nazione che fondino la propria fede sull'ingiustizia, sulla menzogna o sulla violenza saranno cancellate dalla faccia della terra.

(*Harijan*, 12 settembre 1936, p. 247)

In realtà ci sono tante religioni quanti gli individui.

(*Hind Swaraj or Indian Home Rule*, p. 49)

Le religioni sono strade diverse che convergono verso uno stesso punto. Che cosa conta se imbocchiamo strade diverse, se arriviamo alla stessa meta?

(*Hind Swaraj or Indian Home Rule*, p. 50)

L'etimo di religione significa «ciò che lega». Il significato base del suo equivalente in sanscrito, *Dharma*, è «ciò che sostiene». Infatti il sostegno che dà la religione non ha confronti. Alla base di tutto c'è una fondamentale moralità. Quando la moralità si incarna in un vivente, si fa religione, perché lo lega, lo sostiene, lo conforta nell'ora della prova.

(*Harijan*, 26 gennaio 1934, p. 7)

La religione lega l'uomo a Dio e l'uomo all'uomo.

(*Harijan*, 4 maggio 1940, p. 117)

La religione che non tiene in alcun conto i problemi pratici e non aiuta a risolverli, non è religione.

(*Young India*, 7 maggio 1925, p. 164)

La vera religione e la vera moralità sono inscindibilmente connesse l'una all'altra. La religione è per la moralità ciò che l'acqua è per il seme seminato in un terreno.

(*Selections From Gandhi* (1957), p. 255)

Ogni preghiera, in qualunque lingua o a qualunque religione appartenga, è preghiera indirizzata al solo e medesimo Dio e insegna all'uomo che apparteniamo tutti a un'unica famiglia e che dobbiamo portare amore gli uni agli altri.

Tutte le religioni ingiungono l'adorazione del solo Dio presente in ogni cosa. Egli è presente anche in una gocciolina d'acqua o in un minuscolo granello di polvere.

Le varie religioni sono come le foglie di un albero. Non ce ne sono due uguali, ma non c'è alcun antagonismo tra esse o tra i rami su cui crescono. Proprio nello stesso modo, c'è una sottesa unità nella varietà che vediamo nella creazione di Dio.

(*Harijan*, 26 maggio 1946, p. 154)

Proprio come un albero ha un milione di foglie, similmente, anche se Dio è uno solo, sono sorte tante religioni quanti gli uomini e le donne, anche se tutte radicate nello stesso unico Dio.

(*Harijan*, 16 marzo 1947, p. 63)

L'anima delle religioni è una sola, anche se racchiusa dentro una moltitudine di forme. Tale anima persisterà fino alla fine dei tempi. I saggi ignoreranno la crosta esterna e vedranno quella stessa anima vivere sotto la varietà degli involucri.

(*Young India*, 25 settembre 1924, p. 318)

Le religioni non esistono per separare gli uomini gli uni dagli altri, ma per vincolarli reciprocamente.

(*Harijan*, 8 giugno 1940, p. 157)

La preghiera e il silenzio

Dio ha migliaia di nomi, o piuttosto, Egli è il Senzanome. Possiamo adorarLo o pregarLo con qualsiasi nome ci piaccia. Alcuni Lo chiamano *Rama*, altri *Krishna*, altri ancora Lo chiamano *Rahim*, e infine c'è chi Lo chiama *Dio*. Tutti adorano lo stesso spirito, ma come non tutti i cibi incontrano ogni gusto, nemmeno tutti i nomi esercitano lo stesso richiamo su tutti. Ognuno sceglie il nome secondo le proprie associazioni; Dio, essendo Colui che abita dentro di noi, l'Onnipotente e l'Onnisciente, conoscerà i nostri più riposti sentimenti e risponderà ad ognuno secondo i propri meriti.

L'adorazione è preghiera, perciò, non va eseguita con le labbra, ma con il cuore. Ecco perché possono levarla tanto il muto che il balbuziente, tanto l'ignorante che lo stupido. E le preghiere di coloro le cui lingue sono dolci come nettare, ma che hanno il cuore pieno di veleno, non vengono mai ascoltate. Colui che, perciò, voglia pregare Dio, deve mondare il proprio cuore.

(*Young India*, 24 settembre 1925, p. 331)

La supplica, l'adorazione, la preghiera non sono superstizioni, sono atti più reali del mangiare, del bere, del sedere o del camminare. Non è un'esagerazione dire che essi soli siano reali e che tutto il resto sia irreale.

Tale adorazione o preghiera non è una folata di eloquenza; non è un puro omaggio a parole. Si sprigiona dal cuore. Se, perciò, raggiungiamo la purezza del cuore di quando è «svuotato di tutto tranne che d'amore», se accordiamo ogni corda nel modo appropriato, esse «vibreranno di una musica inaspettata».

La preghiera non ha bisogno di discorsi. Essa è per sua natura indipendente da ogni sforzo dei sensi. Non ho il minimo dubbio che la preghiera sia un infallibile mezzo di pulizia del cuore dalle passioni. Ma va associata alla massima umiltà.

(*An Autobiography or The Story of My Experiments with Truth*, pp. 51-52)

È meglio, quando si prega, avere un cuore senza parole piuttosto che delle parole senza un cuore.

(*Young India*, 23 gennaio 1930, p. 25)

Io credo che la preghiera sia l'anima e l'essenza stessa della religione, e perciò la preghiera deve essere il nocciolo della vita di un uomo, dato che nessun uomo può vivere senza religione. Vi sono alcuni che nell'egocentrismo della propria ragione affermano di non aver nulla a che spartire con la religione. È come se un uomo dicesse che respira, ma che non ha naso. Vuoi per ragione, vuoi per istinto o per superstizione, l'uomo deve per forza ammettere una qualche sorta di relazione con il divino. Nemmeno il più incallito agnostico o ateo potrà negare il bisogno di un qualche principio morale, rispetto a cui distinguere fra bene e male, a seconda dell'osservanza o dell'inosservanza dello stesso.

(*Young India*, 23 gennaio 1930, p. 25)

La preghiera è o postulativa o, nel suo senso più ampio, una comunione interiore. In entrambi i casi il risultato è lo stesso. Anche quando si prega per chiedere qualcosa, la richiesta dovrebbe riguardare la pulizia e la purificazione dell'anima, al fine di liberarla dagli strati di ignoranza e tenebra in cui è avvolta. Dunque, chi brama di risvegliare il divino in sé deve ricorrere alla preghiera. Ma la preghiera non è un mero esercizio della bocca o delle orecchie, né una mera ripetizione di formule vuote. Non serve a niente ripetere *Ramanama* finché si vuole, se l'anima non è partecipe. Nella preghiera è meglio avere un cuore senza parole che delle parole senza il cuore. La preghiera deve rispondere distintamente al richiamo dello spirito che la brama. Un'anima affamata gusterà una preghiera sentita proprio come un uomo affamato gode di un pasto sostanzioso.

(*Young India*, 23 gennaio 1930, p. 25)

La preghiera non ha bisogno di parole. È di per se stessa indipendente da qualsiasi sforzo sensoriale. Non ho il minimo dubbio che la preghiera sia un mezzo infallibile per ripulire il cuore dalle passioni. Ma deve combinarsi con la massima umiltà.

(*An Autobiography* (1966), p. 54)

L'uomo che prega sarà in pace con se stesso e con il mondo intero, l'uomo che si occupa degli affari del mondo senza un cuore disposto alla preghiera sarà miserabile e renderà miserabile anche il mondo.

(*Young India*, 23 gennaio 1930, p. 26)

La preghiera serve a ricordare Dio e a purificare il cuore; può essere offerta anche quando si resta in silenzio.

(*Harijan*, 20 aprile 1947, p. 118)

Una preghiera sentita è indubbiamente lo strumento più potente di cui l'uomo disponga per sconfiggere la viltà e tutte le altre inveterate cattive abitudini.

(*Young India*, 20 dicembre 1928, p. 420)

Come il corpo ha bisogno del cibo, l'anima ha bisogno della preghiera. Un uomo può essere in grado di fare a meno del cibo per un certo numero di giorni [...] ma, se crede in Dio, non può, non dovrebbe vivere un momento senza preghiera.

(*Young India*, 15 dicembre 1927, p. 424)

Non andiamo al tempio ad adorare l'immagine di pietra o di metallo, ma Dio che vi risiede. L'immagine diventa ciò che l'uomo la fa diventare. Essa non ha un potere indipendente dalla santità di cui l'investe l'adoratore. Perciò ognuno, compresi i bambini, dovrebbe osservare perfetto silenzio durante la preghiera.

(*Harijan*, 28 aprile 1946, p. 112)

La preghiera è impossibile senza una viva fede nella presenza di Dio dentro di noi.

(*Young India*, 20 dicembre 1928, p. 420)

La preghiera è la prima e l'ultima lezione nell'apprendere la nobile e coraggiosa arte di sacrificarsi nelle varie circostanze della vita, culminanti nella difesa della libertà e dell'onore della propria nazione.

(*Harijan*, 14 aprile 1946, p. 80)

L'uomo ripete spesso il nome di Dio a pappagallo e si aspetta dei frutti dall'agire così. Il vero cercatore deve avere quella fede viva che scacci la menzogna della ripetizione meccanica non soltanto dal proprio cuore, ma anche da quello degli altri.

(*Harijan*, 5 maggio 1956, p. 113)

La preghiera «è la chiave del mattino e il catenaccio della sera».

(*Young India*, 23 gennaio 1930, p. 25)

Chi ha provato la magia della preghiera può fare a meno del cibo per giorni e giorni, ma non può resistere un solo momento senza preghiera. Perché, senza preghiera, non c'è pace interiore.

(*Young India*, 23 gennaio 1930, p. 25)

Dovrebbe essere regola generale quella di non rimandare le preghiere per amore di nessuno al mondo. Il tempo di Dio non si ferma mai. Fin dall'inizio la ruota del Suo tempo continua a girare senza soste. Anzi, non c'è inizio per Lui o per il Suo tempo [...] Come ci si può permettere di non cogliere l'occasione di offrire preghiere a Colui il cui orologio non si ferma mai?

(*Harijan*, 5 maggio 1946, p. 113)

Non faccio nulla senza la preghiera. L'uomo è un essere fallace. Non può mai essere sicuro dei propri passi. Ciò che può sembrargli una risposta alla preghiera potrebbe essere soltanto un'eco del proprio orgoglio. L'uomo deve darsi come guida infallibile un cuore perfettamente innocente, incapace di fare del male.

(*Young India*, 25 settembre 1924, p. 313)

Il vero pentimento è un requisito essenziale della preghiera.

(*Harijan*, 21 aprile 1946, p. 94)

La vera meditazione consiste nel chiudere gli occhi e le orecchie della mente a tutto ciò che non sia l'oggetto stesso della propria devozione. Per cui la chiusura degli occhi durante le preghiere è un aiuto a tale concentrazione. La concezione umana di Dio è, naturalmente, limitata. Ognuno deve, perciò, pensarLo come meglio gli aggrada, sempre che la concezione sia pura ed edificante.

(*Harijan*, 18 agosto 1946, p. 265)

Può pregare con sincerità solo colui che è convinto di avere Dio dentro di sé. Chi non possegga tale convinzione può fare a meno di pregare. Dio non si offenderà, ma posso dire per esperienza che chi non prega è certamente un perdente.

(*Harijan*, 18 agosto 1946, p. 265)

Un cercatore della verità deve stare in silenzio.

(*Young India*, 6 agosto 1925, p. 274)

L'esperienza mi ha insegnato che il silenzio fa parte della disciplina spirituale di un seguace della verità. L'inclinazione a esagerare, a reprimere o distorcere la verità, volenti o nolenti, è una debolezza naturale dell'uomo, e il silenzio è necessario per superarla. Un uomo di poche parole raramente sarà irriflessivo nei suoi discorsi; misurerà ogni parola.

(*An Autobiography or The Story of My Experiments with Truth*, p. 45)

Il silenzio delle labbra cucite non è silenzio. Si può raggiungere lo stesso risultato tagliandosi la lingua, ma nemmeno quello sarebbe silenzio. È silenzioso colui che, potendo parlare, non proferisce alcuna parola inutile.

(*Harijan*, 24 giugno 1933, p. 5)

La preghiera serve a ricordare Dio e a purificare il cuore, e la si può offrire anche osservando il silenzio.

(*Harijan*, 20 aprile 1947, p. 118)

Siccome credo che la preghiera silenziosa sia spesso una [forza] più potente di ogni atto esplicito, nella mia impotenza prego continuamente, fiducioso che la preghiera di un cuore puro non resti mai inascoltata.

(*Young India*, 22 settembre 1927, p. 321)

Non c'è verità in un uomo che non sappia controllare la propria lingua.

(*Young India*, 17 settembre 1925, p. 318)

La preghiera è il solo mezzo per portare ordine, pace e quiete nei nostri atti quotidiani [...] Prendetevi cura della cosa vitale e tutto il resto si aggiusterà da solo. Rettificate un angolo di un quadrato e tutti gli altri andranno automaticamente a posto.

(*Young India*, 23 gennaio 1930, p. 26)

La preghiera non è un ozioso passatempo per vecchie signore. Propriamente compresa e applicata, è lo strumento d'azione più potente.

(*Harijan*, 14 aprile 1946, p. 80)

Dio risponde alla preghiera a modo Suo, non a modo nostro. I Suoi modi sono differenti da quelli dei mortali. Quindi, sono imperscrutabili. La Preghiera presuppone la fede. Nessuna preghiera si leva invano. La preghiera è come ogni altra azione. Porta frutto, che ce ne accorgiamo o no, e il frutto della preghiera sincera è assai più potente della cosiddetta azione.

(*Harijan*, 29 giugno 1946, p. 215)

La religione e la politica

La nostra vita di ogni giorno non può mai separarsi dalla componente spirituale. Entrambe agiscono e reagiscono l'una con l'altra.

(*Harijan*, 30 marzo 1947, p. 85)

Chi sostiene che la religione non abbia nulla a che vedere con la politica non sa che cosa significhi religione.

(*An Autobiography or The Story of My Experiments with Truth*, p. 371)

Non si possono dividere l'operato sociale, economico, politico e puramente religioso in compartimenti stagni. Non conosco alcuna religione che si stacchi dall'attività umana. La religione fornisce a tutte le altre attività una base morale che altrimenti non avrebbero se la vita si riducesse a un vortice di «rumori e furia senza alcun significato».

(*Harijan*, 24 dicembre 1938, p. 393)

In democrazia nessun fatto di vita si sottrae alla politica.

(*Harijan*, 6 ottobre 1946, p. 341)

Per me, la politica privata della religione è una cosa assolutamente sporca, addirittura da fuggire. La politica riguarda le nazioni e ciò che concerne il benessere delle nazioni deve costituire una delle preoccupazioni dell'uomo che voglia vivere in modo religioso, in altre parole, del cercatore di Dio e della Verità. Per me, Dio e Verità sono termini intercambiabili e se qualcuno mi dicesse che Dio è un dio della menzogna o un dio della tortura, mi rifiuterei di adorarLo. Perciò dobbiamo realizzare il Regno dei Cieli anche in politica.

(*Young India*, 18 giugno 1925, p. 214)

Ogni attività dell'uomo religioso deve derivare dalla sua religione, perché essere religiosi significa essere legati a Dio, che è come dire che Dio governa ogni nostro respiro.

(*Harijan*, 2 marzo 1934, p. 23)

La vita di una nazione, al pari di quella degli individui, è un tutto indivisibile.

(*Harijan*, 20 febbraio 1937, p. 13)

Per me non c'è politica senza religione: non la religione del superstizioso e del cieco, la religione che odia e combatte, ma l'universale Religione della Tolleranza. La politica senza moralità è una cosa da evitare.

(*Young India*, 27 novembre 1924, p. 391)

La nonviolenza

Consciamente o inconsciamente, nella vita quotidiana agiamo tutti in modo nonviolento, gli uni verso gli altri. Tutte le società ben strutturate sono basate sulla Legge della Nonviolenza. Ho scoperto che la vita persiste in mezzo alla distruzione, quindi deve per forza esserci una legge più alta di quella della distruzione.

(*Young India*, 1 ottobre 1931, p. 286)

In ogni parte del mondo, già adesso l'umanità vive, e gli uomini conservano le loro proprietà, sulla base della tolleranza reciproca, anche se la struttura sociale non è basata su una consapevole accettazione della nonviolenza. Se così non fosse, sarebbero sopravvissute soltanto le minoranze più feroci. Ma così non è. Le famiglie sono legate da vincoli d'amore, e lo stesso può dirsi di quei gruppi che nella cosiddetta società civilizzata vengono chiamati nazioni. Soltanto che esse non riconoscono la supremazia della Legge della Nonviolenza. Ne consegue, perciò, che non ne abbiamo investigato le vaste possibilità.

(*Harijan*, 22 febbraio 1942, p. 48)

La nonviolenza è la più grande forza a disposizione dell'umanità. È più potente della più potente arma di distruzione che l'ingegno dell'uomo abbia mai escogitato. Quella della distruzione non è la legge degli umani. L'uomo vive liberamente soltanto quando è pronto a morire, se necessario, per mano di suo fratello, mai ad ucciderlo. Ogni delitto o altra offesa commessa o inflitta ad altri, non importa per quale causa, è un crimine contro l'umanità.

(*Harijan*, 20 luglio 1935, p. 180)

La nonviolenza non è una virtù claustrale, riservata solo al *Rishi* e all'eremita. È suscettibile di essere praticata dalle masse di milioni, non perché queste siano pienamente consapevoli delle sue conseguenze, ma perché è la Legge della nostra specie. La nonviolenza distingue l'uomo dalla bestia. L'uomo non si è ancora liberato dalla bestia che ha in sé, ma dovrà sforzarsi di farlo. Questo sforzo riguarda la pratica della nonviolenza, non il credere in essa. Non posso sforzarmi di credere in un principio: o ci credo o non ci credo. E se ci credo, devo sforzarmi coraggiosamente di metterlo in pratica. *Ahimsa* è un attributo del coraggioso. La codardia e l'*Ahimsa* sono incompatibili come l'acqua e il fuoco.

(*Harijan*, 4 novembre 1939, p. 331)

Nonviolenza e viltà sono termini in contraddizione. La nonviolenza è la più grande virtù, la viltà il più grande vizio. La nonviolenza scaturisce dall'amore, la viltà dall'odio. La nonviolenza subisce sempre, la viltà infligge sempre la sofferenza.

(*Young India*, 31 ottobre 1929, p. 356)

La nonviolenza e la viltà non stanno bene insieme. Posso immaginare che un uomo completamente armato si senta in cuor suo un codardo. Il possesso delle armi implica un elemento di paura, se non di viltà. Ma la vera nonviolenza è impossibile, se prima non si vince ogni paura.

(*Harijan*, 15 luglio 1939, p. 201)

La forza non deriva dalla capacità fisica. Deriva da una volontà indomita.

(*Young India*, 11 agosto 1920, p. 3)

La nonviolenza non può essere predicata. Deve essere praticata.

(*Harijan*, 20 marzo 1937, p. 42)

Il distintivo del violento è la sua arma: lancia o spada o fucile. Lo scudo del nonviolento è Dio.

(*Harijan*, 1 settembre 1940, p. 268)

L'alfabeto dell'*Ahimsa* lo si impara meglio nella scuola della famiglia e posso dire per esperienza che, se avremo successo dentro casa, potremo stare sicuri di averlo ovunque. Per il nonviolento, il mondo intero è una sola famiglia. Per questo non avrà paura di nessuno, come nessuno temerà lui.

(*Harijan*, 21 luglio 1940, p. 214)

Credo che, se si dovesse scegliere solo tra viltà e violenza, opterei per la violenza [...]. Ma credo che la nonviolenza sia infinitamente superiore alla violenza, il perdono più virile del castigo. Il perdono nobilita un soldato. Ma il sospendere una punizione è perdono solo quando proviene da qualcuno che, volendolo, sarebbe capace di punire, mentre non ha valore quando questo qualcuno non ne avrebbe la forza.

(*Young India*, 11 agosto 1920, p. 3)

La nonviolenza è un credo immutabile. Deve essere perseguita in mezzo alla violenza che le infuria attorno. La nonviolenza verso un nonviolento non è un merito. Anzi, diventa difficile dire se si tratti affatto di nonviolenza.

(*Harijan*, 2 aprile 1938, p. 65)

L'*Ahimsa* ingrandisce i propri difetti e minimizza quelli dei nemici. Considera la pagliuzza nel proprio occhio come una trave, e la trave nell'occhio del rivale una pagliuzza.

(*Harijan*, 13 maggio 1939, p. 121)

Questo mondo è tenuto insieme da vincoli d'amore. La storia non registra i quotidiani episodi d'amore e di dedizione. Registra solo quelli di conflitto e guerra. In realtà, comunque, gli atti d'amore e di generosità, a questo mondo, sono molto più frequenti dei conflitti e delle dispute.

(*Bapu's Letters to Ashram Sisters* (1960), p. 113)

Essendo la nonviolenza la più potente forza del mondo e anche la più sfuggente nel suo meccanismo, richiederà il massimo esercizio di fede. Proprio come crediamo in Dio per fede, così dovremmo credere per fede anche nella nonviolenza.

(*Harijan*, 7 gennaio 1939, p. 417)

L'*Ahimsa* è un'arma di ineguagliabile potenza. È il *summum bonum* della vita. È l'attributo dei coraggiosi; di fatto, è il loro tutto. L'*Ahimsa* non si pone alla portata del codardo. Non è un dogma rigido o senza vita, ma una forza viva e datrice di vita. È lo speciale attributo dell'anima. Ecco perché è stata definita il più alto *Dharma*.

(*Young India*, 6 settembre 1928, p. 301)

La mia *Ahimsa* non è né mutilata, né debole. È onnipossente.

Dove vi è *Ahimsa* vi è Verità; e la Verità è Dio. Come Egli si manifesti, non so dire. Tutto quello che so è che pervade ogni cosa e dove Egli è, tutto va bene. Vi è, perciò, una sola legge per tutto. Dovunque, nel mondo, Verità e Nonviolenza regnino sovrane, vi sono pace e beatitudine. Il fatto che pace e beatitudine non si trovino da nessuna parte dimostra solo che l'uomo, al momento, non ha trovato né Verità né Nonviolenza. Ma queste non potranno restare celate per sempre. È tale fede che deve sostenere il devoto.

(*Harijan*, 29 settembre 1946, p. 332)

La vostra *Ahimsa*, per essere efficace, deve brillare attraverso la vostra parola, la vostra azione, il vostro comportamento generale. Un seguace dell'*Ahimsa* deve coltivare l'abitudine di lavorare senza soste, vigilare senza riposo, autocontrollandosi incessantemente.

(*Harijan*, 6 maggio 1939, p. 113)

La vera *Ahimsa* sa sorridere anche in punto di morte, di fronte all'agguato di un assalitore. È solo con quell'*Ahimsa* che noi potremo aiutare i nostri nemici e conquistarne l'amore.

(*Harijan*, 2 marzo 1940, p. 19)

La nonviolenza è l'arma dei forti. Nei deboli potrebbe facilmente ridursi a ipocrisia. Paura e amore sono termini contraddittori. L'amore sa donare senza riguardi, incurante di quel che riceva in cambio. L'amore lotta tanto contro il mondo che contro se stesso, e da ultimo trionfa su ogni altro sentimento.

(*Young India*, 1 ottobre 1931, p. 287)

La nonviolenza non può essere «insegnata» per mezzo di parole che escano di bocca. Solo la grazia di Dio può suscitarla nei nostri cuori, in risposta a preghiere sincere.

(*Harijan*, 10 dicembre 1938, p. 377)

La propagazione della verità e della nonviolenza dipenderà molto più dal testimoniarne i princìpi nella vita che dai libri. La vita veramente vissuta conta più dei libri.

(*Harijan*, 13 maggio 1939, p. 122)

La nonviolenza è una forza accessibile a tutti – bambini, giovani, donne o adulti – purché essi abbiano una viva fede nel Dio dell'Amore e nutrano, perciò, eguale amore verso tutto il genere umano. La nonviolenza, assunta come legge di vita, non va applicata solo ad azioni isolate, ma deve impregnare l'intero essere.

(*Harijan*, 5 settembre 1936, p. 236)

La strada della nonviolenza e della verità è sottile come l'orlo di un rasoio. La sua pratica è più che il nostro cibo quotidiano. Assunto debitamente, il cibo sostiene il corpo; giustamente praticata, la nonviolenza sostiene l'anima. Del cibo del corpo dobbiamo nutrirci solo in quantità misurate e a intervalli stabiliti; di nonviolenza, che è il cibo spirituale, dobbiamo nutrirci continuamente. Non c'è sazietà per essa. Devo essere conscio ogni momento dell'obiettivo da perseguire ed esaminarmi in rapporto ad esso.

(*Harijan*, 2 aprile 1938, p. 64)

La sola cosa lecita è la nonviolenza. La violenza non può mai essere lecita nel senso qui inteso, cioè secondo la legge fatta dall'uomo, ma secondo la legge creata dalla Natura per l'uomo.

(*Harijan*, 27 ottobre 1946, p. 369)

La nonviolenza non opera nello stesso modo della violenza, ma nel modo opposto. Un uomo armato si affida naturalmente alle sue armi. Un uomo che abbia rinunciato intenzionalmente ad esse fa conto sull'Invisibile Forza chiamata Dio dai poeti, e Ignoto dagli scienziati. Ma ciò che è sconosciuto non è necessariamente non-esistente. La nonviolenza senza fede in quella Forza è roba da gettare nella polvere.

(*Harijan*, 28 giugno 1942, p. 201)

La nonviolenza è il fine di tutte le religioni.

(*Young India*, 29 maggio 1924, p. 175)

Se il mondo vorrà la pace, il solo mezzo per quel fine è la nonviolenza e nient'altro.

(*Harijan*, 20 luglio 1947, p. 243)

L'*Ahimsa* è il limite estremo dell'umiltà.

(*An Autobiography* (1966), p. 383)

La [...] nonviolenza non ammette di scappare dal pericolo e lasciare i propri cari senza protezione. Tra la violenza e la fuga vigliacca, non posso che preferire la violenza. Non posso predicare la nonviolenza a un codardo più di quanto non possa tentare di far gustare a un cieco dei suggestivi scenari. La nonviolenza è il massimo del coraggio.

(*Young India*, 28 maggio 1924, p. 178)

La nonviolenza non è un paravento per la codardia, ma è la suprema virtù del coraggioso. L'esercizio della nonviolenza richiede un coraggio di gran lunga superiore a quello dello spadaccino. La viltà è del tutto incompatibile con la nonviolenza. Il passaggio dall'abilità con la spada alla nonviolenza è possibile e, a volte, addirittura facile. La nonviolenza, perciò, presuppone l'abilità di colpire. È una forma di deliberato, consapevole dominio del proprio desiderio di vendetta. Ma la vendetta è sempre superiore alla sottomissione passiva, pavida e inerme. Il perdono è ancora più alto. Anche la vendetta è debolezza. Il desiderio di vendetta nasce dalla paura del pericolo, immaginario o reale. Un cane abbaia e morde quando ha paura. Un uomo che non tema nessuno sulla terra considererebbe troppo fastidioso anche il solo esprimere collera, contro chi cercasse vanamente di ferirlo. Il sole non si vendica contro i bimbetti che gli lanciano la polvere. Nell'atto, essi non danneggiano che se stessi.

(*Young India*, 12 agosto 1926, p. 285)

Il sentiero della nonviolenza richiede molto più coraggio di quello della violenza.

(*Harijan*, 4 agosto 1946, pp. 248-49)

In presenza di [...] orgoglio ed egoismo, non c'è nonviolenza. La nonviolenza è impossibile senza umiltà.

(*Harijan*, 28 gennaio 1939, p. 442)

La nonviolenza è la più grande forza a disposizione dell'uomo. È ancora più forte della più potente arma di distruzione ideata dall'ingegno dell'uomo. La distruzione non è la legge degli uomini. L'uomo vive liberamente solo se pronto a morire, se necessario, anche per mano di suo fratello, mai ad ucciderlo. Ogni assassinio o ferita, non importa per quale causa, commessa o inflitta a un altro è un crimine contro l'umanità.

(*Harijan*, 20 luglio 1935, pp. 180-81)

La nonviolenza agisce come il radio. Ne basta una quantità infinitesimale, inserita in un tumore maligno, perché esso inizi ad operare con costanza, silenziosamente e incessantemente finché non abbia trasformato l'intera massa del tessuto malato in un tessuto sano. Parimenti, anche un pochino di vera nonviolenza agisce in modo silenzioso, sottile, non visto e fa lievitare l'intera società.

(*Harijan*, 12 novembre 1938, p. 327)

La violenza è come l'acqua: quando ha uno sbocco, corre in avanti furiosa con forza travolgente. La nonviolenza non può agire senza controllo. Essa è l'essenza della disciplina. Ma quando la si lascia andare, non c'è quantità di violenza che possa fermarla. Per avere libero gioco, essa richiede purezza immacolata e una fede indomabile.

(*Harijan*, 21 marzo 1939, p. 433)

La violenza può essere contrastata con efficacia solo dalla nonviolenza. Questa è una vecchia, consolidata verità [...] che l'arma della violenza, anche se fosse la bomba atomica, diventa inutile quando si scontra contro la vera nonviolenza. Che siano pochissimi coloro che sappiano brandire questa potente arma è cosa vera. Essa necessita di molta comprensione e forza mentale, a differenza di quanto si richiede nelle scuole e nelle accademie militari. La difficoltà che si sperimenta nel contrastare *himsa* con *ahimsa* sorge dalla debolezza della mente.

(*Harijan*, 1 giugno 1947, p. 172)

Il Regno dei Cieli è *ahimsa.*

(*Harijan*, 14 marzo 1936, p. 39)

Proprio come, nell'esercitarsi alla violenza, si deve imparare l'arte di uccidere, così si deve imparare l'arte di morire nell'addestrarsi alla nonviolenza.

(*Harijan*, 1 settembre 1940, p. 268)

«L'inimicizia svanisce di fronte ad *ahimsa*» è un grande aforisma. Significa che la più grande inimicizia richiede un'egual misura di *ahimsa* per il suo annientamento.

(*Harijan*, 14 dicembre 1947, p. 468)

La nonviolenza, come la carità, deve cominciare a casa propria.

(*Harijan*, 28 gennaio 1939, p. 441)

La nonviolenza, per essere un credo, deve essere onnipervasiva. Non si può essere nonviolenti in una attività e violenti in un'altra.

(*Harijan*, 12 ottobre 1935, p. 376)

È una bestemmia dire che la nonviolenza possa essere praticata solo dagli individui e mai dalle nazioni, che sono composte di individui.

(*Harijan*, 12 novembre 1938, p. 328)

La scienza della guerra conduce alla dittatura pura e semplice. La scienza della nonviolenza può condurre soltanto alla pura democrazia.

(*Harijan*, 15 ottobre 1938, p. 290)

Ritengo che la nonviolenza non sia una mera virtù personale. È anche una virtù sociale, da coltivarsi al pari delle altre. Di sicuro i rapporti sociali si basano ampiamente sull'estensione della nonviolenza. Ciò che chiedo è un'estensione della nonviolenza su più ampia scala, nazionale e internazionale.

(*Harijan*, 7 gennaio 1939, p. 417)

Lo spirito della nonviolenza conduce necessariamente all'umiltà. Nonviolenza significa confidare in Dio, la Roccia del Tempo. Se vogliamo il Suo aiuto, dobbiamo rivolgerci a Lui con cuore umile e contrito [...] Dobbiamo agire esattamente come l'albero del mango, che si piega quando porta frutti. La sua grandezza sta nella sua maestosa modestia.

(*Young India*, 12 gennaio 1921, p. 13)

La nonviolenza è la legge della nostra specie, come la violenza è la legge delle creature brute. Lo spirito giace sopito nel bruto, che non conosce altra legge che quella della forza fisica. La dignità dell'uomo richiede obbedienza a una legge più alta, alla forza dello spirito.

(*Young India*, 11 agosto 1920, p. 3)

Ahimsa significa Amore Universale.

(*From Yeravda Mandir* (1975), p. 10)

Ahimsa significa «Amore» nel senso paolino, e tuttavia qualcosa di più dell'«Amore» indicato da San Paolo, anche se so che la bella definizione di San Paolo si presta a sufficienza ad ogni proposito pratico. *Ahimsa* include l'intera creazione, e non solo l'umana. «Amore» in lingua inglese ha anche altre connotazioni, per questo sono stato costretto a usare l'espressione al negativo. Essa non esprime, come vi ho detto, una forza negativa, ma una forza superiore a tutte le forze messe insieme. Una persona che sappia esprimere *Ahimsa* nella sua vita, esercita una forza superiore a tutte le forze della bestialità.

(*Harijan*, 14 marzo 1936, p. 39)

Nonviolenza è la forza dell'anima o l'energia della divinità dentro di noi. Diventiamo simili a Dio nella misura in cui realizziamo la nonviolenza.

(*Harijan*, 12 novembre 1938, p. 326)

Limitarsi ad amare chi ci ama non è nonviolenza. Solo l'amare chi ci odia è nonviolenza. So quanto sia difficile seguire questa grandiosa Legge dell'Amore. Ma non è sempre così, con tutte le cose grandi e buone? Amare chi ci odia è la cosa più difficile di tutte. Ma, con la grazia di Dio, anche realizzare questa difficilissima cosa diventerà facile, se lo desideriamo.

(*Selections from Gandhi* (1957), p. 17)

Un governo non può riuscire a diventare interamente nonviolento, perché rappresenta tutto il popolo. Al giorno d'oggi non vedo come possa realizzarsi una tale età dell'oro. Ma credo nella possibilità di una società prevalentemente nonviolenta.

(*Harijan*, 9 marzo 1940, p. 31)

La nonviolenza è realizzabile solo entro certi limiti. È perfetto e nonviolento quello Stato in cui il popolo è governato di meno. Una democrazia basata sulla nonviolenza sarebbe il più vicino approccio alla più pura anarchia.

(*Harijan*, 21 luglio 1940, p. 211)

L'esercizio di potere più efficace è quello che affligge di meno.

Il potere esercitato giustamente deve essere leggero come un fiore; nessuno deve sentirne il peso.

(*Towards New Horizons*, p. 92)

La centralizzazione come sistema è incompatibile con la struttura nonviolenta della società.

(*Harijan*, 18 gennaio 1942, p. 5)

Non si può mai propagare la verità ricorrendo alla violenza. Quelli che credono nella giustizia della propria causa devono possedere una pazienza infinita. Solo chi sia al disopra della disobbedienza criminale o della violenza è idoneo alla disobbedienza civile.

(*Young India*, 28 aprile 1920, p. 8)

Mi oppongo alla violenza perché, quando sembra produrre il bene, è un bene temporaneo; mentre il male che fa è permanente.

(*Young India*, 21 maggio 1925, p. 178)

L'abnegazione di un innocente è un milione di volte più potente del sacrificio di un milione di uomini che muoiano nell'atto di ucciderne degli altri. Il sacrificio volontario degli innocenti è la più potente risposta all'insolenza della tirannia che Dio o l'uomo abbiano mai potuto concepire.

(*Young India*, 12 febbraio 1925, p. 60)

Un violento può sempre sperare di diventare, un giorno, nonviolento, un vile no.

(*Young India*, 16 gennaio 1927, p. 196)

Scappare dal pericolo, invece di affrontarlo, è negare la propria fede nell'uomo e in Dio, e perfino in se stessi. È preferibile morire annegati piuttosto che vivere per dichiarare una tale bancarotta di fede.

(*Harijan*, 24 novembre 1946, p. 410)

La forza di uccidere non è essenziale per l'autodifesa; quella che occorre è la forza di morire. Quando un uomo è totalmente pronto a morire, non desidererà nemmeno rispondere con la violenza. Anzi, posso considerare evidente che il desiderio di uccidere sia in proporzione inversa al desiderio di morire. E la storia è colma di esempi di uomini che, morendo con parole di coraggio e di pietà sulle labbra, hanno convertito i cuori dei loro rivali violenti.

(*Young India*, 21 gennaio 1930, p. 27)

L'autodifesa [...] è la sola scelta onorevole dove non si sia pronti ad autoimmolarsi.

(*Harijan*, 20 luglio 1935, p. 181)

Ahimsa è l'ideale più alto. È fatto per il coraggioso, mai per il codardo. Trarre profitto dall'uccisione altrui e illudersi di essere molto religiosi e nonviolenti è puro autoinganno.

(*Harijan*, 9 giugno 1946, p. 172)

Nessun potere terreno può sottometterci se ci si arma della spada dell'*ahimsa*. Essa nobilita tanto il vincitore che il vinto.

(*Harijan*, 9 giugno 1946, p. 174)

La via della pace è la via della verità. La scelta della verità è più importante anche della scelta della pace. Invero, la menzogna è la madre della violenza. Un uomo sincero non può restare a lungo violento. Egli capirà, nel corso della sua ricerca, di non avere bisogno di essere violento, e scoprirà inoltre che, fin tanto che resterà la benché minima traccia di violenza in lui, non potrà trovare la verità che sta cercando.

(*Young India*, 29 maggio 1926, p. 154)

La nonviolenza non è facile da capire, ancora meno da praticare, deboli come siamo. Dobbiamo tutti agire mostrandoci umili e pronti alla preghiera, e chiedendo continuamente a Dio di aprire gli occhi della nostra comprensione, disposti ad agire secondo la luce che via via riceveremo.

(*Young India*, 7 febbraio 1929, p. 46)

La resistenza passiva è una spada eccezionale; la si può usare in qualunque modo; benedice colui che la usa e colui contro cui è diretta. Senza spargere una sola goccia di sangue produce risultati molto ampi. Non arrugginisce mai e non può essere rubata.

(*Hind Swaraj or Indian Home Rule*, p. 82)

Basta anche un solo perfetto resistente per vincere la battaglia della Ragione contro il Torto.

(*Young India*, 10 novembre 1921, p. 362)

Apprendere che nella battaglia della vita si può facilmente vincere l'odio con l'amore, la menzogna con la verità, la violenza con l'abnegazione dovrebbe essere un elemento fondamentale nell'educazione di un bambino.

(*Young India*, 3 novembre 1927, p. 369)

Il *Satyagrahi*, la noncollaborazione e la disobbedienza civile

Satyagraha è un'implacabile ricerca della verità, la determinazione a raggiungere la verità.

(*Young India*, 19 marzo 1925, p. 95)

La nonviolenza, nella sua condizione dinamica, significa sofferenza consapevole. Non consiste in una docile sottomissione alla volontà del malvagio, ma nel contrapporre la propria anima alla volontà del tiranno. Operando sotto questa legge del nostro essere, il singolo individuo può sfidare la potenza di un impero ingiusto per difendere il proprio onore, la propria religione, la propria anima e porre i presupposti per la caduta di quell'impero o per la sua rigenerazione.

(*Young India*, 11 agosto 1920, p. 3)

L'amore non brucia gli altri, brucia se stesso. Perciò un *Satyagrahi*, cioè un resistente civile, soffrirà con gioia anche a costo di morire.

(*Young India*, 27 febbraio 1930, p. 69)

Un *Satyagrahi* non ha nulla a che vedere con la vittoria. Egli ne è sicuro, ma deve anche sapere che proviene da Dio. Un *Satyagrahi* deve solo saper soffrire.

(*Young India*, 13 ottobre 1927, p. 345)

Il sacrificio di sé di un innocente è un milione di volte più potente del sacrificio di un milione di uomini che muoiano nell'intento di ucciderne altri. Il sacrificio volontario dell'innocente è la più potente rivalsa che sia stata sinora concepita da Dio o dall'uomo contro l'insolenza della tirannia.

(*Young India*, 12 febbraio 1925, p. 60)

Un *Satyagrahi* [...] è morto nel corpo già prima che il nemico tenti di ucciderlo, cioè si è liberato dall'attaccamento al proprio corpo e vive solo per la vittoria dell'anima. Essendo già morto, perché dunque dovrebbe desiderare di uccidere qualcuno? Morire mentre si cerca di uccidere è, in essenza, morire da sconfitti. Perché, se il nemico è incapace di ottenere da voi quello che vuole finché siete vivi, non gli resterà che ottenerlo uccidendovi. Se, d'altro canto, realizza che non vi date il minimo pensiero di alzare la mano contro di lui, nemmeno per amore della vostra vita, non avrà più alcuna voglia di uccidervi. Non c'è cacciatore che non abbia avuto un'esperienza del genere. Non si è mai sentito che qualcuno uccida delle vacche.

(*Harijan*, 18 agosto 1940, pp. 253-54)

La sofferenza ha limiti ben definiti. Soffrire può essere tanto saggio che sconsiderato e quando si raggiunga il limite, prolungarlo sarebbe non solo sconsiderato, ma il massimo della follia.

(*Young India*, 12 marzo 1931, p. 30)

La vera sofferenza non conosce se stessa e non fa mai calcoli. Dona la propria gioia, che sorpassa ogni altra gioia.

(*Young India*, 19 marzo 1931, p. 41)

Ho continuato a convincermi sempre più del fatto che non sia soltanto la ragione ad assicurarci le cose di importanza fondamentale, ma che ci tocchi acquisirle attraverso la sofferenza. La sofferenza è la legge degli esseri umani; la guerra è la legge della giungla. Ma la sofferenza è infinitamente più potente della legge della giungla per convertire l'oppositore e aprirgli le orecchie, che resterebbero altrimenti sorde alla voce della ragione.

(*Young India*, 5 novembre 1931, p. 341)

Un *Satyagrahi* dice addio alla paura. Non deve mai esitare, quindi, ad avere fiducia nel rivale. Anche se il suo oppositore si comporta in modo sleale per venti volte di seguito, il *Satyagrahi* deve mostrarsi pronto a fidarsi di lui la ventunesima volta, perché un'implicita fiducia nella natura umana è l'essenza stessa del suo credo.

(*Satyagraha in South Africa*, p. 159)

Un *Satyagrahi* non vale nulla se non osserva d'istinto la legge: è la natura rispettosa della legge ad esigere da lui un'assoluta obbedienza alla legge più alta, cioè alla voce della coscienza, che scavalca ogni altra legge.

(*Speeches and Writings of Mahatma Gandhi*, p. 465)

Il *Satyagrahi*, così come è sempre pronto a combattere, ugualmente deve essere bramoso di pace. Deve dare il benvenuto a qualsiasi opportunità onorevole per la pace.

(*Young India*, 19 marzo 1931, p. 40)

Nel codice del *Satyagrahi* non esiste resa alla forza bruta. Altrimenti è la resa alla sofferenza, non a chi brandisce la baionetta.

(*Young India*, 30 aprile 1931, p. 93)

La disobbedienza, per essere civile, deve essere sincera, rispettosa, mai provocatoria, deve basarsi su qualche principio assimilato con chiarezza, non deve essere capricciosa e, soprattutto, non deve precedere da alcuna malevolenza od odio.

(*Young India*, 24 marzo 1920, p. 4)

Il requisito indispensabile, prima di procedere ad ogni forma di resistenza civile, è quello di assicurarsi che non si vada incontro ad alcuna esplosione di violenza, vuoi dalla parte di coloro che si identificheranno nella resistenza civile che da quella del pubblico. Non sarebbe una risposta accettabile, nel caso che essa desse luogo ad uno scoppio di violenza istigato dallo Stato o da altre forze ostili ai resistenti civili.

Dovrebbe essere ovvio che la resistenza civile non può fiorire in un'atmosfera di violenza. Questo non significa che le risorse di un *Satyagrahi* siano esaurite. Occorre solo cercare vie alternative a quella della disobbedienza civile.

(*Harijan*, 18 marzo 1939, p. 53)

Satyagraha e i suoi germogli, la noncollaborazione e la resistenza civile, non sono altro che nomi nuovi per la legge del sacrificio.

(*Young India*, 11 agosto 1920, p. 3)

Satyagraha è il completo annullamento di sé, la più grande umiliazione, la più grande sopportazione e la fede più luminosa. È premio a se stessa.

(*Young India*, 26 febbraio 1925, p. 73)

Satyagraha è un'incessante ricerca della verità e una determinazione a raggiungere la verità.

(*Young India*, 19 marzo 1925, p. 95)

La lotta di *Satyagraha* è per chi sia saldo nello spirito, non per i dubbiosi o i timidi. *Satyagraha* ci insegna l'arte di vivere come anche di morire. Nascita e morte sono inevitabili, per i mortali. Quello che distingue l'uomo dalla bestia è la sua consapevole lotta per realizzare lo spirito che ha dentro.

(*Harijan*, 7 aprile 1946, p. 74)

Si dimentica spesso che un *Satyagrahi* non intende mai confondere il malfattore. Il richiamo non è mai alla sua paura; esso si rivolge, deve rivolgersi, sempre al suo cuore. Lo scopo del *Satyagrahi* è convertire, non forzare il malfattore. Il *Satyagrahi* deve evitare ogni artificiosità nelle sue azioni. Egli agisce con naturalezza e per convinzione interiore.

(*Harijan*, 25 marzo 1939, p. 64)

Satyagraha è essenzialmente l'arma di chi è sincero. Un *Satyagrahi* è votato alla nonviolenza e, se non la osserva in pensiero, parola e atto, la sua non è *Satyagraha*.

(*An Autobiography or The Story of My Experiments with Truth*, p. 345)

Un *Satyagrahi* non può nemmeno salire al cielo sulle ali di Satana.

(*Harijan*, 15 aprile 1939, p. 86)

La noncollaborazione è un tentativo di risvegliare le masse a un senso della loro dignità e potere. Questo può avvenire soltanto mettendole in condizione di comprendere che non avrebbero bisogno di temere la forza bruta se solo conoscessero l'anima di dentro.

(*Young India*, 1 dicembre 1920, p. 3)

La noncollaborazione non è uno stato passivo, ma una condizione intensamente attiva, più attiva della resistenza fisica o della violenza. Quello di resistenza passiva è un termine sbagliato. La noncollaborazione, nel senso in cui la intendo io, deve essere nonviolenta e perciò né punitiva né basata su malevolenza, avversione od odio.

(*Young India*, 25 agosto 1920, p. 322)

Benché la noncollaborazione sia una delle armi principali dell'arsenale di *Satyagraha*, non si dovrebbe dimenticare che, dopo tutto, è soltanto un mezzo per assicurarsi la cooperazione del nemico in armonia con la verità e la giustizia. L'essenza della tecnica nonviolenta è il suo cercare di liquidare solo gli antagonismi, non gli antagonisti in sé e per sé. Nella lotta nonviolenta occorre conformarsi, in certa misura, alla tradizione e alle convenzioni del sistema contro cui ci si oppone. L'evitare ogni relazione con la forza rivale, perciò, non può mai essere un obiettivo del *Satyagrahi*, ma la trasformazione o la purificazione di quella relazione.

(*Harijan*, 29 aprile 1939, p. 101)

La noncollaborazione e la disobbedienza civile non sono che rami diversi dello stesso albero chiamato *Satyagraha*.

(*Young India*, 26 dicembre 1924, p. 429)

La disobbedienza, per esser civile, deve essere scoperta e nonviolenta.

La vera disobbedienza civile è uno stato di ribellione pacifica, il rifiuto di ogni singola legge creata dallo Stato. È certamente più dannosa di una ribellione armata. Perché non può mai essere repressa, se i resistenti civili sono pronti ad affrontare le massime difficoltà. Si fonda su un'implicita fede nell'assoluta efficacia della sofferenza innocente. Andando in prigione senza un lamento, un resistente civile assicura una calma atmosfera. In assenza di resistenza, il malvagio si stanca di agire male. Quando la vittima non oppone alcuna resistenza, ogni piacere svanisce.

(*Young India*, 4 agosto 1921, p. 244)

La disobbedienza civile è un diritto innato dei cittadini. Non possiamo rinunciarvi senza cessare di essere uomini. La disobbedienza civile non è mai seguita dall'anarchia, come nel caso della disobbedienza criminale. Non c'è Stato che non reprima la disobbedienza criminale con la forza. Se non lo fa, muore. Ma reprimere la disobbedienza civile è tentare di imprigionare la coscienza. La disobbedienza civile può donare solo forza e purezza. Un resistente civile non usa mai le armi e quindi è innocuo per uno Stato che sia pienamente disposto ad ascoltare la voce della pubblica opinione. Ma è pericoloso per uno Stato autocratico, perché ne produce la caduta, impegnando l'opinione pubblica sulla questione per la quale si oppone allo Stato. La disobbedienza civile, perciò, diventa un sacro dovere quando lo Stato si sia fatto illegale, o, che è la stessa cosa, corrotto. Un cittadino che tratti con uno Stato simile ne condivide la corruzione o l'illegalità.

(*Young India*, 5 gennaio 1922, p. 5)

La vittoria è impossibile, finché non si sia in grado di mantenere la calma anche di fronte alla più grave provocazione. La calma sotto tiro è una qualità indispensabile per un soldato. Un noncollaboratore non è nessuno, se non riesce a restare calmo e imperturbato sotto il fuoco intenso della provocazione.

(*Young India*, 25 agosto 1921, p. 268)

La disobbedienza civile non chiede e non ha bisogno di chiedere nemmeno uno spicciolo per sostenersi. Ha bisogno e richiede cuori gagliardi, animati da una fede che non rifugga davanti ad alcun pericolo e risplenda al massimo nelle prove più dure. La disobbedienza civile è un terribile sinonimo di sofferenza. Ma spesso è meglio accettare la parte maligna di una cosa, se se ne apprezza sinceramente la parte vantaggiosa. Disobbedienza è un diritto che appartiene ad ogni essere umano e diventa un sacro dovere quando discende dalla civiltà, o, che è la stessa cosa, dall'amore.

(*Young India*, 1 aprile 1926, p. 122)

Ciò che tutti vorremmo è una disobbedienza civile di massa. Ma questa non può essere forzata. Deve essere spontanea, per meritarsi tale nome e avere successo.

(*Young India*, 27 marzo 1930, p. 109)

Il digiuno

Ogni volta che si cade preda di un'angoscia che non se ne va, si deve digiunare e pregare.

(*Young India*, 25 settembre 1924, p. 319)

Quello che gli occhi sono per il mondo esterno, i digiuni sono per quello interiore.

(*Young India*, 3 dicembre 1925, p. 422)

Un digiuno genuino purifica il corpo, la mente e l'anima. Crocifigge la carne e pertanto libera l'anima. Una preghiera sincera può operare meraviglie. Rappresenta un intenso desiderio dell'anima per una sua ancora maggiore purezza. La purezza così ottenuta, quando è utilizzata per un nobile proposito, diventa una preghiera.

(*Young India*, 24 marzo 1920, p. 1)

Credo che non ci sia preghiera senza digiuno, come non c'è vero digiuno senza preghiera.

(*Harijan*, 16 febbraio 1933, p. 2)

Un digiuno completo è una completa e letterale negazione di sé. È la più autentica preghiera. «Prendi la mia vita e lascia che sia, sempre, soltanto, tutta per Te» non è, non dovrebbe essere una mera espressione delle labbra o dell'immaginazione. Deve essere un'offerta temeraria e gioiosa, priva della benché minima riserva. L'astinenza dal cibo e anche dall'acqua non è che il mero inizio, la più piccola parte dell'abbandono.

(*Harijan*, 15 aprile 1933, p. 4)

Il digiuno, quando non sia il risultato della grazia di Dio, è un inutile languire, se non molto peggio.

(*Harijan*, 11 aprile 1939, p. 46)

Il digiuno è un'arma potente nell'arsenale del *Satyagraha*. Non può essere utilizzato da chiunque [...]. La mera capacità fisica di intraprenderlo non è un requisito sufficiente. Non serve a nulla, senza una viva fede in Dio. Non deve mai essere uno sforzo meccanico o di mera imitazione. Deve provenire dal profondo della propria anima. È, quindi, sempre raro.

(*Harijan*, 18 marzo 1939, p. 56)

Il digiuno è l'ultima arma nell'arsenale del seguace dell'*Ahimsa*. Quando le altre risorse dell'ingegno umano falliscono, il seguace digiuna. Tale digiuno favorisce lo spirito della preghiera, che è come dire che il digiuno è un atto spirituale e perciò rivolto a Dio. L'effetto di tale azione sulla gente è che, quando la persona che digiuna è molto conosciuta, la coscienza addormentata della gente si risveglia.

(*Harijan*, 21 dicembre 1947, p. 476)

Come tutte le istituzioni umane, il digiuno può essere adoperato tanto in maniera legittima quanto illecita.

(*Harijan*, 9 settembre 1933, p. 4)

Sottrarsi a un digiuno dove c'è una chiara indicazione morale ad intraprenderlo è trascurare un dovere. Tale digiuno deve basarsi su una genuina verità e *ahimsa*.

(*Harijan*, 28 luglio 1946, p. 235)

Digiunare fino alla morte è l'arma estrema e più potente dell'arsenale di *Satyagraha.* È qualcosa di sacro, ma che va accettato in tutte le sue implicazioni. Non è tanto il digiuno in se stesso, ma ciò che comporta, che conta.

(*Harijan*, 18 agosto 1946, p. 262)

Non bisogna intraprendere un digiuno in modo meccanico. È un'arma potente, ma pericolosa, se maneggiata in modo dilettantesco. Richiede completa autopurificazione, molta più di quanta non ne occorra per affrontare la morte sperando sempre nella vendetta. Anche un solo esempio di tale perfetto sacrificio può bastare al mondo intero. Tale è considerato l'esempio di Gesù.

(*Harijan*, 27 ottobre 1946, p. 272)

Digiuni ridicoli si diffondono come una pestilenza e sono dannosi. Ma, quando digiunare diventa un dovere, non vi si può rinunciare.

(*Harijan*, 21 aprile 1946, p. 93)

Il nonpossesso, il lavoro e l'interdipendenza sociale

La nostra civiltà, la nostra cultura, il nostro *Swaraj* non dipendono dalla moltiplicazione dei nostri bisogni, dall'indulgere ad essi, ma dal ridurli: dalla negazione di sé.

(*Young India*, 23 febbraio 1921, p. 59)

Il nonpossesso è un principio che si applica sia ai pensieri che alle cose. Un uomo che si riempia il cervello di conoscenze inutili viola tale inestimabile principio. I pensieri che ci distolgono da Dio, o che non ci fanno volgere verso di Lui, non sono che degli impedimenti nella nostra via.

(*From Yeravda Mandir: Ashram Observances*, p. 24)

L'amore e il possesso esclusivo non possono mai andare insieme. In teoria, dove c'è perfetto amore, dovrebbe esserci perfetto nonpossesso. Il corpo è il nostro ultimo possesso. Così, un uomo può solo esercitare il perfetto amore ed essere completamente privo di possessi se è pronto ad abbracciare la morte e a rinunciare al proprio corpo per amore del servizio umano.

Ma questo è vero soltanto in teoria. Nella vita effettiva possiamo difficilmente esercitare il perfetto amore perché il corpo, in quanto possesso, rimarrà sempre imperfetto e sarà sempre suo compito cercare di essere perfetto. Così la perfezione nell'amore o nel nonpossesso, finché saremo vivi, resterà un ideale irraggiungibile ma verso il quale dovremo tendere incessantemente.

(*The Modern Review,* ottobre 1935, p. 412)

Chiunque si appropriі di più dello stretto necessario a sé è colpevole di latrocinio.

(*Ashram Observances in Action*, p. 58)

Potrete avere occasione di possedere o usare cose materiali, ma il segreto della vita sta nel non rimpiangerle mai.

(*Harijan*, 10 dicembre 1938, p. 371)

Il segreto della vita felice sta nella rinuncia. La rinuncia è la vita. L'autoindulgenza significa morte. Perciò, ognuno ha diritto e dovrebbe desiderare di vivere 125 anni mentre si impegna a servire, senza badare al risultato. Tale vita deve essere interamente e solamente dedicata al servizio. La rinuncia decisa per amore di tale servizio è una gioia ineffabile, di cui nessuno può privare nessuno, perché quel nettare sgorga dal di dentro e sostiene la vita. In essa non può esserci spazio per la preoccupazione o l'impazienza. Senza questa gioia, la longevità è impossibile e non sarebbe degna nemmeno se la si potesse comunque avere.

(*Harijan*, 24 febbraio 1946, p. 19)

Tutti dovrebbero avere eguali opportunità. Assicurato questo, ogni essere umano avrebbe le stesse possibilità di crescita spirituale.

(*Harijan*, 17 novembre 1946, p. 404)

Non posso figurarmi un tempo in cui non ci sarà nessun uomo più ricco di un altro. Ma mi figuro senz'altro un tempo in cui i ricchi disdegneranno di arricchire a spese dei poveri e in cui i poveri cesseranno di invidiare i ricchi. Anche nel mondo più perfetto non riusciremmo a evitare le diseguaglianze, ma possiamo e dobbiamo evitare i conflitti e l'acredine. Esistono ancora numerosi esempi di ricchi e poveri che vivono in perfetta amicizia. Dobbiamo solo moltiplicare tali esempi.

(*Young India*, 7 ottobre 1926, p. 348)

Non credo nell'uniformità assoluta. Che tutti gli uomini nascano uguali e liberi non è una legge di natura in senso letterale. Per esempio, non tutti gli uomini nascono con uguale intelletto, ma la dottrina dell'uguaglianza si dimostrerà valida se coloro che hanno un intelletto superiore non lo useranno per farsi largo a spese degli altri, ma per servire i meno favoriti.

(*Harijan*, 6 ottobre 1946, p. 338)

Chi è insoddisfatto, per quanto possieda, diventa schiavo dei propri desideri. E non c'è schiavitù che possa eguagliare quella dei desideri. Tutti i saggi hanno proclamato dai tetti delle case che l'uomo può diventare il proprio peggiore nemico, oltre che il proprio migliore amico. Essere libero o schiavo sta nelle sue mani. E ciò che è vero per l'individuo, vale anche per la società.

(*Harijan*, 1 febbraio 1942, p. 27)

Anche se sulla terra si potesse realizzare il paradiso delle soddisfazioni materiali, non ne deriverebbero né soddisfazioni né pace all'uomo che ne avesse fatto il proprio traguardo finale.

(*Mahatma Gandhi: The Last Phase*, vol. II (1958), p. 139)

Il corpo umano deve tendere solamente al servizio del prossimo, mai al piacere. Il segreto della vita felice sta nella rinuncia. Rinuncia è vita. Cedimento significa morte.

(*Harijan*, 24 febbraio 1946, p. 19)

Il sostentamento del corpo andrebbe procacciato con il lavoro fisico, mentre il lavoro intellettuale dovrebbe servire a coltivare la mente. La divisione del lavoro sarà inevitabile, ma dovrà riguardare le varie specie di lavoro fisico; non dovrà trattarsi di una divisione che riservi il lavoro intellettuale a una classe e quello fisico a un'altra.

(*Mahatma*, vol. III (1952), p. 349)

Dovete insegnare alla gente a lavorare con le proprie mani e a comprendere la dignità del lavoro.

(*Mahatma*, vol. V (1952), p. 185)

Se ognuno vivesse col sudore della fronte, la terra diventerebbe un paradiso.

(*Mahatma*, vol. VII (1953), p. 389)

Il trionfo dell'uomo consisterà nel sostituire alla lotta per l'esistenza la gara per l'aiuto reciproco. La legge della bestia sarà destituita dalla legge dell'uomo.

(*Harijan*, 29 giugno 1935, p. 156)

Non dimentichiamo che la cooperazione dovrebbe basarsi rigorosamente sulla nonviolenza. Non è possibile che una cooperazione violenta abbia successo.

(*Harijan*, 9 marzo 1947, p. 58)

L'interdipendenza è, e dovrebbe essere, un ideale dell'uomo quanto l'autosufficienza. L'uomo è un essere sociale. Senza interrelazione con la società non può percepirsi come un tutt'uno con l'universo o sopprimere il proprio egoismo. La sua interdipendenza sociale gli permette di verificare la sua fede e di misurarsi sulla pietra di paragone della realtà. Se l'uomo fosse posto o potesse porsi in condizione di non dover dipendere in alcun modo dai suoi simili, si farebbe così orgoglioso e arrogante da risultare un vero e proprio peso e fastidio per il mondo. La dipendenza dalla società gli insegna la lezione dell'umiltà. Che un uomo debba essere capace di soddisfare parecchi dei suoi bisogni essenziali da solo è ovvio; ma non meno ovvio a me sembra il fatto che, quando l'autosufficienza venga spinta fino all'isolamento dalla società, essa sconfini quasi nel peccato. Un uomo non può diventare autosufficiente nemmeno rispetto a tutte le varie operazioni connesse alla coltivazione del cotone e alla preparazione del filato. A un certo punto, prima o poi, dovrà pur accettare l'aiuto dei membri della sua famiglia. E se uno può accettare di farsi aiutare dalla propria famiglia, perché non dovrebbe farlo anche dai propri vicini? O, altrimenti, quale sarebbe il significato del grande detto «La mia famiglia è il mondo»?

(*Young India*, 13 maggio 1926, p. 179)

Un cercatore della Verità, un seguace della Legge dell'Amore, non può mettere da parte nulla per il domani. Dio non provvede mai al domani. Egli non crea più di ciò che sia strettamente necessario giorno per giorno. Se, perciò, abbiamo fede nella Sua Provvidenza, dobbiamo restare sicuri che Egli ci darà ogni giorno il nostro pane quotidiano, fornendoci a sufficienza ciò di cui abbiamo bisogno.

(*Young India*, 4 settembre 1930, p. 1)

Il fine estremo dell'uomo è la realizzazione di Dio e tutte le sue attività, sociali, politiche e religiose, devono lasciarsi guidare dal fine ultimo della visione di Dio. Il servizio immediato di tutti gli esseri diventa una parte necessaria di tale sforzo semplicemente perché la sola via di trovare Dio è vederLo nella Sua creazione e sentirsi una cosa sola con essa. Questo è possibile solo servendo tutti. Sono una parte integrante del tutto e non posso trovare Dio separato dal resto dell'umanità.

(*Harijan*, 29 agosto 1936, p. 226)

Io non credo che [...] un individuo possa innalzarsi spiritualmente e quelli che gli stanno intorno soffrire. Credo in *advaita*, credo nell'essenziale unità dell'uomo e, per questo, di tutte le creature viventi. Credo, perciò, che se un solo uomo progredisce spiritualmente, il mondo intero migliora con lui e che, se un solo uomo sbaglia, il mondo intero sbaglia nella stessa misura.

(*Young India*, 4 dicembre 1924, p. 398)

Non credo che la legge spirituale operi in un campo tutto suo. Al contrario, essa si esprime soltanto attraverso le attività normali della vita. Per cui investe la sfera economica, la sociale e la politica.

(*Young India*, 3 settembre 1925, p. 304)

Il male non sta nel capitale in quanto tale; sta nel suo uso errato. Il capitale, in una forma o nell'altra, sarà sempre necessario.

(*Harijan*, 28 luglio 1940, p. 219)

Dio creò l'uomo perché si procurasse il cibo con il lavoro e disse che chi mangiava senza lavorare era un ladro.

(*Young India*, 13 ottobre 1921, p. 325)

Daridranarayan è uno dei milioni di nomi con cui l'umanità conosce Dio, che è innominabile e impenetrabile dall'intelletto umano, e significa Dio dei poveri, Dio che appare nei cuori dei poveri.

(*Young India*, 4 aprile 1929, p. 110)

La forza fisica è transitoria, proprio come è effimero il corpo. Ma il potere dello spirito è permanente, proprio come è eterno lo spirito.

(*Harijan*, 1 febbraio 1942, p. 20)

Mezzi e fini, diritti e doveri

I più giusti mezzi cessano di essere tali quando il fine cercato sia ingiusto.

(*Harijan*, 17 marzo 1946, p. 43)

Un mezzo impuro si traduce in un fine impuro [...] Non si può raggiungere la Verità attraverso la menzogna.

(*Harijan*, 13 luglio 1947, p. 232)

«Si ha diritto al lavoro, ma mai al frutto del lavoro» è uno dei precetti d'oro della *Gita*.

(*Harijan*, 18 agosto 1940, p. 254)

Non siamo che meri strumenti della Volontà Onnipotente e ignoriamo che cosa ci aiuti ad avanzare e che cosa ci sia d'impedimento. Dobbiamo, perciò, accontentarci di conoscere i soli mezzi: se questi saranno puri, potremo tranquillamente ignorare il fine.

(*Satyagraha in South Africa* (1950), p. 318)

Mezzo e fine sono termini intercambiabili, nella mia filosofia di vita.

(*Young India*, 24 dicembre 1924, p. 424)

Il mezzo può essere paragonato a un seme, il fine a un albero; e tra mezzo e fine vi è esattamente lo stesso inviolabile nesso che c'è tra seme e albero.

(*Hind Swaraj* (1962), p. 71)

Si dice «i mezzi, dopotutto, sono i mezzi». Io vorrei dire «i mezzi, in definitiva, sono tutto». Dato il mezzo, tale il fine [...] Non c'è muro di separazione tra il mezzo e il fine. In realtà il Creatore ci ha dato il controllo (e anche quello assai limitato) dei mezzi, ma non del fine. La conoscenza del fine è in perfetta corrispondenza con quella dei mezzi. Questa affermazione non ammette eccezioni.

(*Young India*, 17 luglio 1924, pp. 236-37)

La vera fonte dei diritti è il dovere. Se avremo assolto i nostri doveri, non dovremo andare lontano a cercare i nostri diritti. Se correremo dietro ai diritti senza avere assolto i doveri, ci sfuggiranno come fuochi fatui. Più li inseguiremo, più voleranno lontano. Lo stesso insegnamento è stato espresso da *Khrishna* nelle immortali parole: «Solo l'azione è tua. Lascia stare il frutto». L'azione è il dovere, il frutto è il diritto.

(*Young India*, 8 gennaio 1925, pp. 15-16)

I diritti maturano automaticamente per chi abbia eseguito scrupolosamente i propri doveri. Di fatto, il diritto di eseguire i propri doveri è il solo diritto che renda degne la vita e la morte. Assorbe in sé ogni diritto legittimo. Tutto il resto è usurpazione, in un modo o nell'altro, e contiene in sé i semi di *himsa*.

Il capitalista e lo *zamindar* parlano dei loro diritti; i lavoratori, a loro volta, dei propri; il principe del suo diritto divino di governare; il fittavolo del suo diritto di contrapporsi a ciò. Se ognuno si limita semplicemente a insistere sui diritti e mai sui doveri, ci saranno completa confusione e caos.

(*Harijan*, 27 maggio 1939, p. 143)

Se, invece di insistere sui diritti, ognuno facesse il proprio dovere, l'ordine regnerebbe immediatamente tra l'umanità [...] Mi permetto di ricordare che non spettano diritti se non derivati direttamente dalla puntuale esecuzione dei doveri. Sarebbero usurpazioni, da eliminare il prima possibile. Uno sventurato genitore che pretenda obbedienza dai figli senza aver prima adempiuto al proprio dovere non suscita in essi che disprezzo.

(*Harijan*, 6 luglio 1947, p. 217)

L’economia e la religione

Mi permetto di ritenere che le Scritture del mondo siano dei trattati sulle leggi dell’economia di gran lunga più sicuri e sani di molti testi moderni.

(*Mahatma*, vol. I (1951), p. 238)

Ricorderete come Adam Smith, nel suo *Wealth of Nations*, dopo aver formulato certi princìpi regolanti i fenomeni economici, procedette col definire certi altri elementi costituenti il «fattore di disturbo», che impedivano alle leggi dell’economia di avere libero gioco. Primo fra questi era «l’elemento umano». Ora è proprio su questo «elemento umano» che si fonda l’intera economia del *Khadi*; mentre è l’egoismo umano, il «puro motivo economico» di Adam Smith, a costituire il «fattore di disturbo» da eliminare.

(*Harijan*, 21 settembre 1934, p. 253)

Devo confessare che non traccio una distinzione netta o di qualsiasi tipo tra economia ed etica. L’economia che leda il benessere morale di un individuo o di una nazione è immorale e, perciò, peccaminosa. Così l’economia che permetta a un paese di depredarne un altro è immorale. È peccaminoso comprare e usare articoli fatti da lavoratori sfruttati.

(*Young India*, 13 ottobre 1921, p. 325)

L’economia che non tiene conto della morale e delle considerazioni sentimentali è come quelle opere in cera che, pur essendo simili ai modelli mancano tuttavia della vita della carne vera. Ad ogni momento cruciale queste leggi economiche di nuova foggia si sono infrante nella pratica. E le nazioni o gli individui che le accettano come massime-guida devono perire.

(*Young India*, 27 ottobre 1921, p. 344)

Quell’economia che ignori o non consideri i valori morali è

menzognera. L'estensione della legge della nonviolenza all'ambito dell'economia non significa niente di meno che l'introduzione dei valori morali come fattori da considerare nella regolazione del commercio internazionale.

(*Young India*, 26 ottobre 1924, p. 421)

La vera economia non milita mai contro i più alti valori etici, proprio come la vera etica, per essere degna di tal nome, deve essere nello stesso tempo anche buona economia. Un'economia che inculchi l'adorazione di Mammona, e permetta al forte di ammassare ricchezze a spese del debole, è una scienza falsa e triste. Sa di morte. La vera economia, al contrario, si batte per la giustizia sociale, promuove equamente il bene di tutti, compresi i più deboli, ed è indispensabile a una vita decente.

(*Harijan*, 9 ottobre 1937, p. 292)

Che cosa significa comunismo, in ultima analisi? Significa una società senza classi, un ideale per il quale vale la pena lottare. Soltanto che, quando per raggiungerlo si invoca la forza, non lo seguo più. Nasciamo tutti uguali, ma resistiamo da secoli alla volontà di Dio. L'idea dell'ineguaglianza, di «alti e bassi» è un male, ma io non credo che si possa sradicare il male dal petto dell'uomo con la punta della baionetta. Il petto dell'uomo non si presta a quel mezzo.

(*Harajan*, 13 marzo 1937, p. 40)

Il rapporto tra l'uomo e la donna

Non c'è occasione in cui le donne debbano considerarsi subordinate o inferiori agli uomini. Le lingue proclamano che la donna è la metà dell'uomo e, a parità di ragionamento, l'uomo è la metà della donna. Essi non sono due entità separate, ma metà di una sola cosa. La lingua inglese va oltre e chiama le donne la metà migliore dell'uomo.

(*Harijan*, 23 marzo 1947, p. 80)

L'uomo dovrebbe imparare a fare spazio alle donne. Un paese o una comunità in cui le donne non siano onorate non può essere considerato civile.

(*Harijan*, 11 gennaio 1948, p. 508)

Una gran parte delle miserie di oggi si può evitare guardando alle relazioni tra i sessi in una luce sana e pura, e considerandoci meri amministratori fiduciari per il benessere morale delle future generazioni.

(*Young India*, 27 settembre 1928, p. 324)

La donna è per natura più capace di sacrificio. La nonviolenza, perciò, le risulta più facile.

(*Harijan*, 5 maggio 1946, p. 118)

Per coraggio di abnegazione la donna è sempre superiore all'uomo, così come credo che l'uomo lo sia rispetto alla donna per coraggio nelle azioni brutali.

(*Harijan*, 5 novembre 1938, p. 317)

La mia opinione è che, proprio come l'uomo e la donna sono fondamentalmente una cosa sola, il loro problema debba essere uno solo nell'essenza. L'anima è la stessa in entrambi. Tutti e due vivono la stessa vita, hanno gli stessi sentimenti. Ognuno è il complemento dell'altra. L'uno non può vivere senza l'aiuto attivo dell'altra.

(*Harijan*, 24 febbraio 1940, p. 13)

Il momento in cui saremo riusciti a ripristinare una vera ed effettiva uguaglianza tra uomo e uomo, saremo in grado di istituire l'uguaglianza tra l'uomo e tutto il creato. Quando quel giorno verrà, avremo pace sulla terra e amicizia tra gli uomini.

(*Harijan*, 28 marzo 1936, p. 51)

Non faccio distinzione tra uomo e donna. La donna dovrebbe sentirsi indipendente quanto l'uomo. Il coraggio non è monopolio dell'uomo.

(*Harijan*, 5 gennaio 1947, p. 478)

Le donne non possono cercare protezione dagli uomini. Devono far conto sulla propria stessa forza e purezza di carattere e su Dio.

(*Harijan*, 15 settembre 1946, p. 312)

La castità non è una pianta da serra. Non può essere internata. Non può venire protetta dal muro di cinta del *purdah*. Deve crescere dal di dentro e per avere un qualche valore deve saper resistere ad ogni tentazione indesiderata.

(*Young India*, 3 febbraio 1927, p. 37)

Le donne sono le speciali custodi di tutto ciò che vi è di puro e religioso nella vita. Conservatrici per natura, se sono lente a liberarsi dalle abitudini superstiziose, sono anche lente a rinunciare a tutto ciò che è puro e nobile nella vita.

(*Harijan*, 25 marzo 1933, p. 2)

Il matrimonio è una cosa naturale, nella vita, e considerarlo mortificante in qualunque senso è del tutto sbagliato [...] L'ideale è guardare al matrimonio come a un sacramento, e, quindi, condurre una vita di autolimitazione nello stato di sposati.

(*Harijan*, 22 marzo 1942, p. 88)

Credo che la giusta educazione, in questo paese, sia insegnare alla donna l'arte di dire «no» anche al proprio marito, insegnarle che non fa parte dei suoi doveri ridursi a mero strumento o bambola nelle mani di suo marito. La moglie ha dei diritti non meno che dei doveri.

(*Harijan*, 2 maggio 1936, p. 93)

Manu ha definito il primo figlio come *dharmaja*, nato dal senso di dovere, e i figli nati dopo il primo come *kamaja*, nati carnalmente. Questo fa capire, in sintesi, la legge dei rapporti sessuali.

(*Harijan*, 24 aprile 1937, p. 83)

Innumerevoli persone mangiano solo per soddisfare il palato, ma tale indulgenza non diventa, per ciò stesso, un dovere. Molto pochi mangiano per vivere, ma sono proprio costoro quelli che realmente conoscono la legge del mangiare. Parimenti, si sposano realmente soltanto quelli che lo fanno per sperimentare la purezza e la santità del legame matrimoniale, afferrandone, in ciò, la divinità implicita.

(*Harijan*, 7 luglio 1946, p. 214)

La vita da sposati mira a promuovere il bene reciproco, tanto qui che per l'aldilà. Deve tendere, inoltre, a servire l'umanità.

(*Young India*, 21 ottobre 1926, p. 365)

I matrimoni che vengono intrapresi per servire insieme portano le loro benedizioni. Quelli eseguiti per soddisfazione personale ne sono del tutto indegni.

(*Harijan*, 7 luglio 1946, p. 214)

Il matrimonio per la soddisfazione dell'appetito sessuale non è un matrimonio. È *vyabhichara*: concupiscenza.

(*Harijan*, 24 aprile 1937, p. 82)

L'amore incontaminato tra marito e moglie porta più vicini a Dio di ogni altro amore. Quando il sesso si mescola all'amore puro, porta lontani dal proprio Fattore. Per cui, il controllo della consapevolezza sessuale e del contatto sessuale esisteranno solo dove vi sarà occasione di matrimonio.

(*Harijan*, 19 ottobre 1947, p. 374)

L'ideale a cui mira il matrimonio è quello dell'unione spirituale attraverso quella fisica. L'amore umano che si concretizza nel matrimonio deve costituire la pietra di un guado verso l'amore universale.

(*Young India*, 21 maggio 1931, p. 115)

La *Gita* ci dice, e l'esperienza corrobora l'affermazione, che l'uomo stolto, che sembri controllare il proprio corpo, ma nutra pensieri malvagi nella mente, fa uno sforzo vano.

(*From Yeravda Mandir: Ashram Observances*, p. 12)

C'è un detto in indostano: «Chi ha il cuore puro, ha tutte le acque purificatrici del Gange a casa sua». Per chi abbia il pensiero sotto controllo, il resto è solo un gioco da ragazzi.

(*Harijan*, 8 giugno 1947, p. 180)

È impossibile osservare la legge della continenza senza una viva fede in Dio, che è Verità vivente. Oggi va di moda rinunciare del tutto a Dio e insistere sulla possibilità di raggiungere il massimo nella vita senza la necessità di una viva fede in un Dio vivente. Devo confessare la mia incapacità di far capire la verità della legge a quelli che non hanno fede e che non provano nessun bisogno di una Potenza infinitamente più alta di loro stessi. La mia personale esperienza mi ha condotto alla conclusione che la vita più piena è impossibile senza una fede inamovibile nella Legge vivente secondo la quale si muove l'intero universo.

(*Harijan*, 25 aprile 1936, p. 84)

La democrazia, l'autogoverno e lo sciopero

Come ogni nazione è in grado di mangiare, di bere e respirare, nello stesso modo ogni nazione è in grado di occuparsi dei propri problemi, non importa quanto faticosamente.

(*Young India*, 15 ottobre 1931, p. 305)

La libertà esterna che riusciremo a conquistare sarà proporzionale alla libertà interiore che saremo riusciti a sviluppare in un dato momento. E se questa è la visione corretta della libertà, dobbiamo concentrare le nostre principali energie sul perseguimento della riforma interiore.

(*Young India*, 1 novembre 1928, p. 363)

Autogoverno significa continuo sforzo per essere indipendenti dal controllo statale, sia che si tratti di governo straniero che nazionale. Il governo *Swaraj* sarà una triste faccenda se la gente pretenderà che ne regoli la vita di ogni giorno.

(*Young India*, 6 agosto 1925, p. 276)

La parola *Swaraj* è una parola sacra, una parola vedica, che significa governo di sé e autodisciplina, e non libertà da ogni limite, come spesso si intende per «indipendenza».

(*Young India*, 19 marzo 1931, p. 38)

Gli uomini che aspirano ad essere liberi difficilmente possono pensare di rendere schiavi gli altri. Se cercano di farlo, non fanno che rendere più strette anche le proprie catene di schiavitù.

(*Harijan*, 13 aprile 1947, p. 106)

L'uomo deve ringraziare se stesso per la propria dipendenza. Non appena lo vorrà, potrà ridiventare indipendente.

(*Harijan*, 11 gennaio 1936, p. 380)

La libertà non costa mai troppo cara. Essa è il respiro della vita. Che cosa non si pagherebbe per vivere?

(*Harijan*, 10 dicembre 1938, p. 368)

È mia salda convinzione che nessun uomo perda la sua libertà se non attraverso la sua stessa debolezza.

(*India's Case for Swaraj*, p. 209)

Non esiste una libertà lenta. La libertà è come una nascita. Finché non siamo pienamente liberi, siamo schiavi. Si nasce tutto in un momento.

(*Young India*, 9 marzo 1922, p. 148)

I ceppi d'oro non sono meno gravosi che se fossero di ferro, per chi abbia il senso della dignità. Il male sta nei ceppi, non nel metallo.

(*Young India*, 6 giugno 1929, p. 188)

Io non credo nella dottrina del maggior bene per il maggior numero. Essa significa, nella sua nudità, che allo scopo di raggiungere il supposto bene del cinquantuno per cento, si potrebbe, o meglio si dovrebbe sacrificare l'interesse del quarantanove per cento. È una dottrina crudele, che ha nociuto all'umanità. La sola dottrina vera, degna, umana è quella del maggior bene per tutti, che soltanto la massima abnegazione può consentire.

(*The Diary of Mahadev Desai-I* (1953), p. 149)

La democrazia disciplinata e illuminata è la più bella cosa del mondo. Una democrazia piena di pregiudizi, ignorante e superstiziosa piomberà nel caos e potrà autodistruggersi.

(*Young India*, 30 luglio 1931, p. 199)

Se vogliamo coltivare un vero spirito di democrazia, non possiamo permetterci di essere intolleranti. L'intolleranza tradisce la mancanza di fede nella propria causa.

(*Young India*, 2 febbraio 1921, p. 33)

La democrazia si infrangerà se sarà sorretta da lacci. Essa può esistere solo se è basata sulla fiducia.

(*Harijan*, 16 novembre 1947, p. 409)

Nella vera democrazia ad ogni uomo e ad ogni donna si insegnerà a pensare per se stesso o per se stessa. Non so come si possa attuare questa autentica rivoluzione, so solo che ogni riforma, come la carità, dovrà iniziare a casa propria.

(*Harijan*, 14 luglio 1946, p. 220)

Per sua stessa natura, la nonviolenza non può «impadronirsi» del potere, né può essere questo il suo obiettivo. *Ma la nonviolenza può fare di più; può effettivamente controllare e guidare il potere* senza impossessarsi della macchina di governo. Questa è la sua bellezza.

(*Towards New Horizons* (1959), pp. 91-92)

La democrazia deve, in essenza [...] significare l'arte e la scienza di mobilitare interamente le risorse fisiche, economiche e spirituali di tutte le varie categorie sociali al servizio del bene comune.

(*Harijan*, 27 maggio 1939, p. 143)

La democrazia e la violenza mal si accompagnano. Gli Stati oggi nominalmente democratici non potranno che diventare o esplicitamente totalitari o, se vorranno farsi veramente democratici, coraggiosamente nonviolenti. È una bestemmia dire che la nonviolenza possa essere praticata soltanto dagli individui e mai dalle nazioni, che sono composte di individui.

(*Harijan*, 12 novembre 1938, p. 328)

La mia nozione di democrazia è che sotto di essa il più debole debba avere le stesse opportunità del più forte. Questo non può mai realizzarsi se non attraverso la nonviolenza.

(*Harijan*, 18 maggio 1940, p. 129)

Credo che la vera democrazia possa essere frutto soltanto della nonviolenza.

(*Gandhiji's Correspondence with the Government*, 1942-44, p. 143)

Il vero democratico è colui che difende la propria libertà e, perciò, quella del suo paese e in definitiva quella dell'intera umanità con mezzi puramente nonviolenti.

(*Harijan*, 15 aprile 1939, p. 90)

Credo che democrazia e spirito militare siano una contraddizione di termini. Un democratico non fa affidamento sulla forza delle armi che il suo Stato può ostentare davanti al mondo, ma sulla forza morale che il suo Stato può mettere a disposizione del mondo.

(*Harijan*, 13 luglio 1947, p. 233)

Il potere è di due specie. Un tipo si fonda sulla paura della punizione e l'altro sulle arti dell'amore. Il potere basato sull'amore è mille volte più efficace e permanente di quello derivato dalla paura della punizione.

(*Young India*, 8 gennaio 1925, p. 15)

A volte essere in minoranza è un privilegio.

(*Young India*, 13 agosto 1925, p. 279)

La mia fede assoluta nella nonviolenza significa arrendermi alle minoranze quando siano realmente deboli. Il miglior modo di indebolire le comunità è di cedere ad esse. La resistenza solleverà soltanto il loro sospetto e rafforzerà la loro opposizione.

(*Young India*, 2 luglio 1931, p. 162)

Soltanto la pubblica opinione può mantenere pura e sana una società.

(*Young India*, 1 dicembre 1920, p. 4)

La critica salutare, ben informata ed equilibrata è l'ozono della vita pubblica.

(*Harijan*, 13 novembre 1937, p. 332)

Nelle questioni di coscienza la legge della minoranza non ha valore.

(*Young India*, 4 agosto 1920, p. 4)

Nessuno sciopero ingiusto dovrebbe riuscire. A scioperi simili dovrebbe essere tolta ogni forma di pubblico appoggio.

(*Harijan*, 11 agosto 1946, p. 256)

Gli scioperi per il miglioramento economico non dovrebbero mai avere un fine politico, come motivazione aggiuntiva. Una tale mescolanza non favorisce mai il fine politico e generalmente crea problemi agli scioperanti, anche quando non intralcino la vita pubblica come, per esempio, nel caso di un sciopero postale, fra i servizi di pubblica utilità.

(*Harijan*, 11 agosto 1946, p. 256)

Gli scioperi politici hanno un posto preciso nell'azione nonviolenta. Non vengono mai intrapresi a caso. Devono avvenire alla luce del sole ed evitare ogni forma di teppismo. Non devono mai degenerare in violenza.

(*Harijan*, 11 agosto 1946, p. 256)

In una società democratica ben ordinata non c'è posto, non c'è motivo di illegalità o scioperi. In tale società vi sono ampi mezzi legali per reclamare giustizia. La violenza, velata o scoperta, deve essere un tabù.

(*Harijan*, 1 febbraio 1948, p. 15)

So che gli scioperi sono un diritto innato dei lavoratori per ottenere giustizia, ma dovranno essere considerati un reato non appena i capitalisti accetteranno il principio dell'arbitrato.

(*Young India*, 5 maggio 1920, p. 6)

Una nazione può fare a meno dei propri milionari e dei propri capitalisti, ma mai del lavoro.

(*Speeches & Writings of Mahatma Gandhi* (IV ed.), p. 1045)

Non penso che debba per forza esservi uno scontro tra capitale e lavoro. Ognuno dipende dall'altro.

(*Young India*, 4 agosto 1927, p. 248)

La società, la vita e la morte, gli uomini e gli animali

Ci sono volute la perseveranza e il genio di tante generazioni di scienziati per scoprire le leggi dell'elettricità, ma oggi tutti quanti, anche i bambini, fanno uso dell'energia elettrica nella loro vita quotidiana. Similmente, non occorrerà sempre un essere perfetto per amministrare uno Stato ideale, una volta che sarà stato posto in essere. Ciò che occorre è un profondo risveglio sociale per cominciare. Il resto seguirà.

(*Towards New Horizons* (1959), p. 93)

L'individualismo senza limiti è la legge degli animali della giungla. Noi abbiamo imparato a conciliare la libertà individuale con i limiti sociali. La spontanea sottomissione alle restrizioni sociali per amore del bene dell'intera società, arricchisce tanto l'individuo che la società della quale si è membri.

(*Harijan*, 27 maggio 1939, p. 144)

Dio ha ordinato questo mondo in modo che nessuno potesse tenersi esclusivamente per sé la propria bontà o cattiveria. L'intero mondo è come il corpo umano con le sue varie membra. Il dolore in un solo membro si ripercuote su tutto il corpo. Il marcio in una sola parte avvelena inevitabilmente l'intero sistema.

(*Harijan*, 26 maggio 1946, p. 154)

Ciò che è impossibile per l'uomo è un gioco da ragazzi per Dio.

(*Young India*, 19 novembre 1931, p. 361)

Il debole non può mai perdonare. Il perdono è un attributo del forte.

(*Young India*, 2 aprile 1931, p. 59)

Dove c'è amore, c'è anche Dio.

(*Satyagraha in South Africa*, p. 360)

L'amore non chiede mai, dà sempre. L'amore sopporta sempre, non si risente, non si vendica mai.

(*Young India*, 9 luglio 1925, p. 24)

La forza dell'amore è la stessa forza dell'anima o della verità.

(*Hind Swaraj or Indian Home Rule*, p. 77)

La tolleranza reciproca è una necessità per ogni tempo e per ogni razza.

(*Young India*, 25 febbraio 1920, p. 3)

Non c'è limite all'estendere la nostra dedizione al prossimo anche a quello al di là delle frontiere di Stato. Non sono certo frontiere volute da Dio.

(*Young India*, 31 dicembre 1931, p. 427)

I veri governanti sono i milioni che faticano.

(*Harijan*, 15 giugno 1947, p. 193)

La disciplina di massa è una condizione essenziale per un popolo che aspiri a essere una grande nazione.

(*Harijan*, 11 gennaio 1948, p. 507)

La più alta forma di libertà porta con sé la più grande misura di disciplina e umiltà. La libertà che viene dalla disciplina e dall'umiltà non può essere negata, la licenza sfrenata è un segno di volgarità sia verso se stessi che verso il prossimo.

(*Young India*, 3 giugno 1926, p. 203)

Il cibo animale è inadatto a chi miri al controllo delle proprie passioni.

(*Young India*, 7 ottobre 1926, p. 347)

Sento che il progresso spirituale ci richiede di smettere, a un certo punto, di uccidere le creature nostre compagne per la soddisfazione dei nostri bisogni corporali.

(*India's Case for Swaraj*, pp. 402-03)

C'è molta verità nel detto che l'uomo diventa ciò che mangia. Più grossolano è il cibo, più grossolano sarà il corpo.

(*Harijan*, 5 agosto 1933, p. 4)

La vera felicità dell'uomo sta nell'accontentarsi. Chi sia insoddisfatto, per quanto possieda, diventa schiavo dei suoi desideri. E, in realtà, non c'è schiavitù peggiore di quella dei propri desideri. Tutti i saggi hanno dichiarato dai tetti delle case che l'uomo può diventare per se stesso il peggior nemico, come anche il miglior amico. Dipende da lui essere libero o diventare schiavo. E ciò che è vero per l'individuo è vero anche per la società.

(*Harijan*, 1 febbraio 1942, p. 27)

L'esistenza stessa del mondo, in senso lato, dipende dalla religione. Tutti i tentativi di sradicarla sono destinati al fallimento.

(*Non-Violent Way to World Peace*, p. 51)

La conclusione logica del sacrificio di sé è che l'individuo si sacrifica per la comunità, la comunità si sacrifica per il distretto, il distretto per la provincia, la provincia per la nazione, e la nazione per il mondo. Una goccia strappata dall'oceano perisce inutilmente. Se rimane parte dell'oceano, ne condivide la gloria di sorreggere una flotta di poderose navi.

(*Harijan*, 23 marzo 1947, p. 78)

Un individuo non può agire rettamente in un settore della vita e comportarsi in modo scorretto in un altro settore. La vita è un tutto indivisibile.

(*Young India*, 27 gennaio 1927, p. 31)

Un leader è inutile quando agisce contro le ingiunzioni della propria stessa coscienza, circondato com'è da gente che nutre ogni sorta di opinioni. Egli andrà alla deriva come una nave senz'ancora se non si lascerà guidare e mantenere saldo dalla voce interiore.

(*Young India*, 23 febbraio 1922, p. 112)

La giustizia nei confronti dell'individuo, fosse anche il più umile, è tutto. Il resto viene dopo.

(*Young India*, 17 settembre 1919, p. 150)

L'utile e l'inutile non possono, come in linea di massima il bene e il male, che procedere insieme, e l'uomo deve fare la sua scelta.

(*An Autobiography or The Story of My Experiments with Truth*, p. 211)

La vita non è che una serie incessante di esperimenti.

(*Young India*, 25 settembre 1924, p. 313)

Una passione bruciante abbinata a un assoluto distacco è la chiave di ogni successo.

(*Harijan*, 29 settembre 1946, p. 336)

Il mio dissenso nei confronti della professione medica in generale nasce dal fatto che essa ignora completamente l'anima e non tende ad alcun fine nel limitarsi a cercare di riparare uno strumento fragile come il corpo. Così, ignorando l'anima, la professione mette gli uomini alla propria mercé e contribuisce all'impoverimento della dignità umana e dell'autocontrollo.

(*Young India*, 11 giugno 1925, p. 205)

Il mero titolo di dottore non basta; il vero dottore è colui che è anche un vero servitore.

(*Harijan*, 10 febbraio 1946, p. 8)

Vogliamo medici dell'anima piuttosto che del fisico. La molteplicità degli ospedali e dei medici non è un segno di vera civiltà. Meno noi e gli altri vizieremo i nostri corpi e meglio sarà per noi e per il mondo.

(*Young India*, 29 settembre 1927, p. 327)

Ognuno dovrebbe farsi dottore di se stesso e scoprire i propri limiti. L'uomo che lo farà, vivrà sicuramente fino a 125 anni.

(*Harijan*, 19 maggio 1946, p. 148)

Difficilmente un paziente potrà decidere di nascondere la propria malattia. Se lo farà, diventerà il proprio stesso nemico.

(*Young India*, 2 febbraio 1928, p. 37)

L'uomo è superiore alla bestia in quanto capace di autolimitazione e sacrificio, cosa di cui la bestia è incapace.

(*Young India*, 3 giugno 1926, p. 204)

L'uomo è una speciale creazione di Dio proprio in quanto si distingue dal resto della sua creazione.

(*Young India*, 13 febbraio 1930, p. 56)

Nel mangiare, dormire e nell'espletare altre funzioni fisiche, l'uomo non è diverso dalla bestia. Ciò che lo distingue da essa è il suo sforzo incessante di sollevarsene al di sopra sul piano morale.

(*Harijan*, 7 aprile 1946, p. 74)

L'uomo non è una bestia. Si è innalzato a una condizione superiore dopo innumerevoli nascite in forma animale. Egli è nato per stare eretto, non per camminare a quattro zampe o per strisciare. La distanza che ormai separa la bestialità dalla condizione umana è la stessa che separa la materia dallo spirito.

(*Young India*, 29 aprile 1926, p. 157)

La bestia, per sua natura, non sa frenarsi. L'uomo è uomo perché è capace di autocontrollo, e solo fin che lo pratica.

(*An Autobiography* (1966), p. 238)

L'uomo non è né mero intelletto, né un grossolano corpo animale, né cuore o anima soltanto. Per comporre l'uomo nella sua interezza è necessaria una giusta e armoniosa combinazione di tutte e tre le cose.

(*Harijan*, 8 maggio 1937, p. 104)

L'uomo non è tenuto a sviluppare alla perfezione tutte le proprie funzioni; il suo compito è sviluppare alla perfezione solo le facoltà rivolte a Dio e sopprimere completamente quelle di tendenza contraria.

(*Young India*, 24 giugno 1926, p. 229)

Il mondo è il cortile da gioco di Dio e un riflesso della sua gloria.

(*An Autobiography* (1966), p. 153)

Chi conosce l'*Atman* che abita il corpo e Lo percepisce come parte del supremo *Atman*, gli dedicherà ogni cosa.

(*The Gita According to Gandhi* (1956), p. 186)

L'arte di morire con coraggio e con onore non ha bisogno di alcuno speciale addestramento, salvo una viva fede in Dio.

(*Harijan*, 5 ottobre 1940, p. 354)

Chi abbia rotto con il proprio passato si sente un uomo diverso. Non considererà una vergogna il confessare gli errori passati, per la semplice ragione che questi errori non lo toccheranno affatto.

(*Young India*, 6 ottobre 1927, p. 340)

Un peccatore è uguale al santo, agli occhi di Dio. Entrambi avranno eguale giustizia ed entrambi eguale opportunità sia di andare avanti che di regredire. Sono entrambi Suoi figli. Sue creature. Un santo che si consideri superiore a un peccatore perde la propria santità e diventa peggiore del peccatore che, a differenza del santo orgoglioso, non sa che cosa stia facendo.

(*Harijan*, 14 ottobre 1933, p. 5)

La morte è una compagna e un'amica. È in buoni rapporti con quelli che sono morti con coraggio.

(*Harijan*, 20 aprile 1947, p. 117)

Nessuno dovrebbe temere la morte. La morte è inevitabile per ogni essere umano. Ma se sapremo morire sorridendo, entreremo in una vita nuova.

(*Harijan*, 20 aprile 1947, p. 120)

L'uomo non vive che per sfuggire la morte. Ma se lo fa, è consigliabile che cambi atteggiamento. (*Harijan*, 30 novembre 1947, p. 437)

La vera moralità non consiste nel seguire un sentiero già tracciato, ma nel trovare il vero sentiero da soli e nel seguirlo senza paura.

(*Ethical Religion*, p. 36)

Nessuna azione che non sia volontaria può essere definita morale. Finché agiremo come macchine, non si potrà far questione di moralità. Se vogliamo chiamare un'azione morale, occorre che sia stata fatta consciamente e sentita come dovere.

(*The Epic Fast*, p. 43)

Non si riesce mai a conseguire l'autorità morale cercando semplicemente di afferrarla. Essa arriva senza cercarla e la si mantiene senza sforzo.

(*Young India*, 29 gennaio 1925, p. 40)

Un leader è soltanto il primo fra eguali. Qualcuno deve pur essere messo al primo posto, ma il capo non è – e non dovrebbe essere – più forte dell'anello più debole della catena. Una volta fatta la nostra scelta, dobbiamo seguirlo o la catena si spezzerà e tutto sarà perduto.

(*Young India*, 8 dicembre 1921, p. 402)

Sono i seguaci a fare un capo. Egli riflette in maniera più chiara le aspirazioni latenti tra le masse.

(*Harijan*, 2 febbraio 1947, p. 3)

La confessione dell'errore è come la scopa che spazza via lo sporco e lascia la superficie più pulita di prima.

(*Young India*, 16 febbraio 1922, p. 102)

Nessun peccato può venire cancellato se è condannato solo a parole.

(*Harijan*, 23 giugno 1946, p. 200)

Confessare un errore o un peccato appena se ne ha coscienza è purificarsene.

(*Harijan*, 20 ottobre 1946, p. 367)

Il perdono è la qualità del coraggioso, non del codardo.

(*Harijan*, 30 marzo 1947, p. 86)

L'uomo diventa spesso ciò che crede di essere. Se si continua a dire che non si riesce a fare una certa cosa, è possibile che alla fine si diventi realmente incapaci di farla. Al contrario, se ho fiducia di poterla fare, acquisterò sicuramente la capacità di farla, anche se, all'inizio, magari non ne sono in grado.

(*Harijan*, 1 settembre 1940, p. 268)

Si diventa ciò che si pensa. Il pensiero non è mai completo se non trova espressione e limite nell'azione. È soltanto quando c'è perfetto accordo tra le due cose che c'è piena vita naturale.

(*Harijan*, 7 aprile 1946, p. 72)

Tutti i peccati si commettono in segreto. Non appena realizzeremo che Dio è testimone anche dei nostri pensieri, saremo liberi.

(*Young India*, 5 giugno 1924, p. 186)

La verità non è tale solo perché è antica. Né deve essere guardata con sospetto perché è antica. Ci sono alcuni fondamenti della vita che non si possono abbandonare alla leggera perché difficili da attuare nella propria esistenza.

(*Harijan*, 14 marzo 1936, p. 36)

La semplicità è l'essenza dell'universalità.

(*Harijan*, 7 aprile 1946, p. 69)

Dobbiamo agire anche nei confronti degli ultimi proprio come vorremmo che il mondo agisse nei nostri.

(*Harijan*, 17 novembre 1946, p. 404)

I giornali e i giornalisti

Depreco l'abitudine di prendere a prestito le opinioni dai giornali. I giornali dovrebbero consentire l'analisi dei fatti. Non dovrebbero uccidere l'abitudine di pensare in modo indipendente.

(*Harijan*, 26 maggio 1946, p. 154)

Il solo scopo del giornalismo dovrebbe essere quello di servire la collettività.

(*An Autobiography* (1966), p. 215)

Uno dei compiti di un giornale è quello di capire il sentimento popolare e di dargli espressione; un altro quello di risvegliare nella gente certi sentimenti auspicabili; un terzo quello di denunziare senza timore i difetti popolari.

(*Hind Swaraj or Indian Home Rule* (1962), p. 19)

Sfortunatamente, per l'uomo medio i giornali sono diventati più importanti delle Scritture. Gli consiglierei volentieri di rinunciare alla lettura dei giornali, in tal caso. Non perderebbe niente, così facendo, mentre nelle Scritture e in altra buona letteratura potrebbe trovare vero nutrimento per la propria mente e il proprio spirito.

La stampa è chiamata il Quarto Potere. Che costituisca un potere, è innegabile, ma impiegarlo male è un crimine. Sono anch'io un giornalista e vorrei appellarmi ai colleghi giornalisti perché sentano la responsabilità del proprio lavoro e lo svolgano senza altra mira che quella di sostenere la verità.

(*Harijan*, 27 aprile 1947, p. 128)

L'educazione

L'educazione dovrà rinnovarsi per amore della creazione di un mondo nuovo.

(*Harijan*, 19 gennaio 1947, p. 494)

L'antico aforisma, «L'educazione è ciò che libera», è altrettanto vero oggi che un tempo.

(*Harijan*, 10 marzo 1946, p. 38)

Non può esservi conoscenza senza umiltà e volontà di apprendere.

(*Harijan*, 8 settembre 1946, p. 306)

Se si vorrà creare un mondo nuovo, anche l'educazione dovrà rinnovarsi.

(*Harijan*, 19 gennaio 1947, p. 494)

Il bene è insito nell'anima di ognuno di noi e gli insegnamenti devono solo cercare di tirarlo fuori; ma soltanto quegli insegnanti il cui carattere sia senza macchia e che si mostrino sempre pronti ad imparare e a perfezionarsi sempre più potranno adempiere questa sacra funzione.

(*Harijan*, 7 novembre 1936, p. 309)

Il mestiere, l'arte, la salute e l'educazione dovrebbero tutti integrarsi in un unico insieme.

(*Harijan*, 10 novembre 1946, p. 394)

Il nostro sistema di educazione [di base] conduce allo sviluppo della mente, del corpo e dell'anima. Il sistema ordinario si preoccupa solo della mente.

(*Harijan*, 9 novembre 1947, p. 401)

Per educazione intendo il tirare fuori dal bambino e dall'uomo il meglio di ogni componente: corpo, mente e spirito. L'alfabetizzazione non è né la meta finale né l'inizio dell'educazione. È soltanto uno dei mezzi con cui si possono educare uomini e donne. L'alfabetizzazione, in sé e per sé, non è educazione.

(*Harijan*, 31 luglio 1937, p. 197)

L'intento primario di tutta l'educazione è, o dovrebbe essere, la strutturazione del carattere dei ragazzi.

(*Harijan*, 1 dicembre 1933, p. 3)

L'istruzione senza il coraggio è come una statua di cera, bella a vedersi, ma destinata a sciogliersi al minimo contatto con una sostanza calda.

(*Young India*, 12 luglio 1928, p. 236)

La musica dovrebbe rientrare nel programma dell'educazione primaria. Sottoscrivo di cuore questa proposta. La modulazione della voce è necessaria quanto l'addestramento della mano. L'esercizio fisico, l'attività manuale, il disegno e la musica dovrebbero cooperare nel tirare fuori il meglio da ragazzi e ragazze e inculcare in essi un reale interesse per la loro istruzione.

(*Harijan*, 11 settembre 1937, p. 250)

Il carattere non lo si costruisce con la pietra e la malta. Non lo si costruisce con altre mani che con le proprie.

(*With Gandhiji in Ceylon* (1928), p. 89)

Mettete tutta la vostra conoscenza, la vostra cultura e dottrina su un piatto della bilancia e la verità e la purezza sull'altro: il peso di quest'ultimo sopravanzerà di gran lunga quello dell'altro.

(*Young India*, 21 febbraio 1929, p. 58)

La vera educazione deve estrarre il meglio dai ragazzi e dalle ragazze da educare. Questo non può mai succedere stipando nelle teste degli allievi delle informazioni malassortite e innecessarie. Sarebbero un peso morto che schiaccerebbe in loro ogni originalità e che li trasformerebbe in meri automi.

(*Harijan*, 1 dicembre 1933, p. 3)

Un genitore saggio permette al figlio di fare degli errori. È un bene, per loro, che di tanto in tanto si brucino le dita.

(*Mahatma Gandhi: The Last Phase*, vol. I (1956), p. 44)

L'idea del tutto infondata che si possa sviluppare l'intelligenza soltanto attraverso la lettura dei libri dovrebbe cedere il posto alla verità che l'apprendimento scientifico di un lavoro artigiano consente un più rapido sviluppo della mente.

Il vero sviluppo della mente incomincia non appena l'apprendista impara, passo dopo passo, perché si richieda una particolare manipolazione della mano o un certo strumento. Il problema della disoccupazione degli studenti si può risolvere senza difficoltà, collocandoli tra i comuni lavoratori.

(*Harijan*, 9 gennaio 1937, p. 386)

Fino ad ora ci siamo preoccupati di rimpinzare le menti dei bambini di ogni sorta di nozioni, senza mai pensare a stimolarle e svilupparle. Poniamo un alt a tutto ciò e concentriamoci sulla possibilità di educare adeguatamente il bambino attraverso il lavoro manuale, non come attività collaterale, ma come mezzo primario dell'esercizio intellettuale [...]

Bisogna addestrare il ragazzo ad una qualche occupazione. Sarà questa la base per esercitargli la mente, il corpo, la scrittura, il senso artistico e così via. Egli si impadronirà perfettamente del mestiere che impara.

(*Harijan*, 18 settembre 1937, p. 261)

L'educazione letteraria, di per se stessa, non aggiunge nulla alla statura morale dello studente; la formazione del carattere è indipendente dall'esercizio della lettura e della scrittura.

(*Young India*, 1 giugno 1921, p. 172)

L'arte, la scienza, il linguaggio

La gente, generalmente, non riesce a vedere la Bellezza nella Verità, l'uomo ordinario se ne allontana rendendosi cieco alla Bellezza che vi è insita. La vera Arte sorgerà ogni qualvolta gli uomini cominceranno a vedere la Bellezza della Verità.

(*Young India*, 13 novembre 1924, p. 377)

Verità e menzogna spesso coesistono; bene e male si trovano spesso insieme. Anche in un artista, non raramente, si mescolano una giusta percezione delle cose e una sbagliata. Creazioni veramente belle si ottengono quando sia in atto una giusta percezione. Se questi momenti sono rari nella vita, sono rari anche nell'arte.

(*Young India*, 13 novembre 1924, p. 377)

La Verità è la prima cosa da ricercare, dopodiché la Bellezza e la Bontà si aggiungeranno di conseguenza.

(*Young India*, 20 novembre 1924, p. 386)

La bellezza dell'uomo sta nel suo carattere, quella di una bestia nella sua forma corporea.

(*Bapu's Letters to Ashram Sisters* (1952), p. 102)

La vera bellezza, dopo tutto, sta nella purezza di cuore.

(*Young India*, 20 settembre 1927, p. 350)

La gente che dichiara di volere «l'arte per amore dell'arte» è incapace di dimostrare l'opportunità della propria affermazione. Nella vita l'arte ha il proprio posto, al di là della questione di che cosa sia di preciso. Ma l'arte può solo essere un mezzo per il fine a cui tutti tendiamo. Se, invece, viene considerata un fine in se stessa, rende schiava e degrada l'umanità.

(*The Diary of Mahadev Desai-I* (1953), p. 160)

La vera arte non presta mai attenzione esclusivamente alla forma, ma anche a ciò che le sta dietro. Vi è un'arte che uccide e un'arte che dà vita [...] La vera arte deve riflettere la felicità, la soddisfazione e la purezza dell'artista.

(*Young India*, 11 agosto 1921, p. 253)

Artistico è ciò che conduce l'uomo un passo più avanti sul sentiero della moralità e che gli dona visioni elevate. Se l'arte lo degrada sul piano etico, non è arte, ma solo oscenità.

(*The Diary of Mahadev Desai-I* (1953), pp. 224-25)

Chi può negare che molto di ciò che oggi viene spacciato per scienza e arte distrugge l'anima anziché innalzarla, e invece di evocare il meglio insito in noi, fa da mezzana alle nostre più basse passioni?

(*Young India*, 11 agosto 1927, p. 255)

C'è un famoso detto classico, ormai divenuto proverbiale, secondo cui l'uomo «che non ha musica in sé» è o un asceta o una bestia.

(*Young India*, 15 aprile 1926, p. 140)

La vita sopravanza immensamente tutte le arti messe assieme.

(*Among the Great* (1950), p. 65)

Una vera opera d'arte dovrebbe rivolgersi a tutti.

(*Among The Great* (1950), p. 81)

Una lingua rispecchia il carattere del popolo che la usa. [...] Una lingua trae la propria forma dal carattere e dalla vita di coloro che la parlano. Possiamo affermare senza esitazione che il popolo la cui lingua non rifletta le qualità del coraggio, della veridicità e della pietà difetti di quelle virtù. L'importazione di parole esprimenti il coraggio o la compassione da altre lingue non arricchirà né amplierà il contenuto di una lingua né potrà rendere coraggiosi e sensibili coloro che la parlano. Il coraggio non ci viene regalato; se ne abbiamo dentro di noi, magari coperto di ruggine, tornerà a brillare quando lo strato che lo nasconde sparirà. Nella nostra lingua madre, troviamo un gran numero di parole denotanti un eccesso di remissività, perché siamo vissuti sottomessi per molti anni. Parimenti, nessun'altra lingua al mondo può esibire altrettanti termini nautici che l'inglese. Se un intraprendente scrittore gujarati si mettesse a tradurre dall'inglese al gujarati libri di tale argomento, non accrescerebbe di un briciolo l'estensione e il potere della nostra lingua, né la nostra conoscenza delle navi. Ma non appena ci mettessimo a costruire navi e ad allestire una marina, la necessaria fraseologia tecnica si costituirebbe automaticamente.

(*The Collected Works of Mahatma Gandhi*, vol. XIV, pp. 11-12)

Non sono contrario al progresso della scienza in quanto tale. Al contrario, guardo con ammirazione allo spirito scientifico dell'Occidente e se questa ammirazione ha delle riserve, è perché lo scienziato dell'Occidente non ha alcun riguardo per le creature più umili di Dio. Io aborrisco la vivisezione con tutta l'anima. Detesto l'imperdonabile massacro di vite innocenti nel nome della scienza e della cosiddetta umanità, e considero tutte le scoperte scientifiche, che si macchino di sangue innocente, prive di valore. Se, rinunciando alla vivisezione, non si fosse potuta scoprire la teoria della circolazione del sangue, la specie umana avrebbe potuto benissimo farne a meno. E vedo con chiarezza che spunterà un giorno in cui lo scienziato onesto dell'Occidente porrà dei limiti ai metodi attuali di perseguimento della conoscenza. Verranno approntate misure che terranno conto non solamente della famiglia umana, ma di ogni creatura vivente.

(*Young India*, 17 dicembre 1925, p. 440)

Glossario

Ahimsa: nonviolenza. Si contrappone a *Himsa* = violenza.
Ananda: beatitudine, gioia.
Atman: anima, spirito.
Chit: conoscenza.
Daridranarayan: Dio nella forma di povero.
Dharma: religione, legge del proprio essere, giustizia, codice induista di religione e morale o di dovere religioso e morale.
Dharmaja: nato dal senso del dovere.
Gita: il «Canto celeste»; poema sacro dell'induismo in sanscrito, composto alcuni secoli prima dell'era cristiana, in cui Sri Krishna riassume l'essenza della religione e della filosofia induista.
Himsa: violenza.
Ishvara: Dio.
Kadhi: stoffa filata e tessuta a mano.
Kamaja: nato dalla lussuria.
Purdach: velo.
Ramanama: nome di Rama, incarnazione di Dio nella religione induista, recitazione del nome di Dio.
Rishi: un profeta o un veggente.
Sat: verità, ciò che esiste.
Satya: verità.
Satyagraha: letteralmente è l'attenersi alla verità, e quindi sta per «ricorso alla forza di verità o forza dell'anima» o anche «sacrificio di sé».
Satyagrahi: chi pratica la «Satyagraha».
Swaraj: autogoverno, autonomia, indipendenza.
Vyabhichara: concupiscenza.
Zamindar: proprietario terriero.

Fonti

Ashram Observances in Action (tradotto dal Gujarati da V.G. Desai), Ahmedabad, Navajivan Publishing House, 1956.

Bapu's Letters to Ashram Sisters, a cura di Kala Kalelkar, Ahmedabad, Navajivan Publishing House, 1952.

DILIP KUMAR ROY, *Among the Great* (introduzione di S. Radhakrishnan), Bombay, Nalanda Publications, 1945; edizione usata: ristampa della Jaico Publishing House, Bombay, 1950.

Gandhiji's Correspondence with the Government, 1942-44, Ahmedabad, Navajivan Publishing House, aprile 1945.

GANDHI MAHATMA, *Ethical Religion* (tradotto dall'Hindi da B. Rama Iyer), Madras, S. Ganesan, 1930.

GANDHI MAHATMA, *Hindi Swaraj or Indian Home Rule*, Ahmedabad, Navajivan Publishing House, 1938; edizione usata: 1958.

GANDHI M.K., *An Autobiography or The Story of My Experiments with Truth* (tradotto dal Gujarati da Mahadev Desai), Ahmedabad, Navajivan Publishing House, vol. I, 1927; vol. II, 1929; edizione usata: 1959.

GANDHI M.K., *An Autobiography or The Story of My Experiments with Truth*, Ahmedabad, Navajivan Publishing House, 1966.

GANDHI M.K., *From Yeravda Mandir: Ashram Observances* (tradotto da V.G. Desai), Ahmedabad, Navajivan Publishing House, 1933; edizione usata: 1957.

GANDHI M.K., *Non-violent Way to World Peace* (tradotto da R.K. Prabhu), Ahmedabad, Navajivan Publishing House, 1959.

GANDHI M.K., *Satyagraha in South Africa* (tradotto da V.G. Desai), Ahmedabad, Navajivan Publishing House, 1928; edizione usata 1950.

GORA, *An Atheist with Gandhi*, Ahmedabad, Navajivan Publishing House, 1958.

Harijan (1933-1956), settimanale inglese fondato da Gandhi e pubblicato sotto gli auspici dell'Harijan Sevak Sangh, Poona, e dal 1942, dal Navajivan Trust, Ahmedabad. Il settimanale sospese le pubblicazioni nel 1940 durante il «Satyagraha Individuale»; riprese nel gennaio 1942, ma smise di uscire durante la lotta «Via dall'India». Riapparve nel 1946.

India's Case for Swaraj (a cura di W.P. Kabadi), Bombay, Yeshanand & Co., 1932.

MAHADEV DESAI, *The Gita According to Gandhi*, Ahmedabad, Navajivan Publishing House, 1956.

PYARELAL, *Mahatma Gandhi: The Last Phase*, Ahmedabad, Navajivan Publishing House, vol. I, febbraio 1956; vol. II, febbraio 1958.

PYARELAL, *Towards New Horizons*, Ahmedabad, Navajivan Publishing House, 1959.

Selections From Gandhi, a cura di N.K. Bose, Ahmedabad, Navajivan Publishing House, 1957.

Speeches and Writings of Mahatma Gandhi, Madras, G.A. Natesan & Co., 1933, IV edizione.

TENDULKAR D.G., *Mahatma: Life of Mohandas Karamachand Gandhi*, Bombay, Vithalbai K. Jhaveri e D.G. Tendulkar, 1951-54, 8 volumi.

The Collected Works of Mahatma Gandhi, New Delhi, The Publication Division, Govt. of India.

The Diary of Mahadev Desai-I, (tradotto dal Gujarati e curato da V.G. Desai), Ahmedabad, Navajivan Publishing House, 1953.

The Modern Review, mensile pubblicato a Calcutta.

With Gandhiji in Ceylon, a cura di Mahadev Desai, Madras, S. Ganesan, 1928.

Young India (1919-1932), settimanale inglese, pubblicato a Bombay come bisettimanale, sotto la supervisione di Gandhi dal 7 maggio 1919, e come settimanale a Ahmedabad, con Gandhi come direttore dall'8 ottobre 1919.

Indice